BODAS DE SANGRE

COLECCIÓN LITERARIA LyC (LEER y CREAR)
con propuestas para el acercamiento a la literatura.*
Directora: Prof. HERMINIA PETRUZZI

001 - **DON SEGUNDO SOMBRA, Ricardo Güiraldes.** *(Prof. Eduardo Romano)*
002 - **FACUNDO. CIVILIZACIÓN Y BARBARIE, Domingo F. Sarmiento.** *(Prof. M. Cristina Planas y M. del Carmen Plaza)*
003 - **EL LAZARILLO DE TORMES, Anónimo.** *(Prof. Micaela Bracco y M. del Carmen de Sabarots)*
004 - **MARTÍN FIERRO, José Hernández.** *(Prof. Alcira Badano)*
005 - **COPLAS A LA MUERTE DE SU PADRE, Jorge Manrique.** *(Prof. M. Luisa A. de Tevere, M. del Carmen Córdoba y Graciela N. Quiroga)*
006 - **EL CASAMIENTO DE LAUCHA, Roberto J. Payró.** *(Prof. Esther Lorenzini de Guardia)*
007 - **LA CAUTIVA - EL MATADERO, Esteban Echeverría.** *(Prof. M. Virginia D. de Carrasco, M. del Carmen Córdoba y Hortensia González)*
008 - **RIMAS, LEYENDAS, CARTAS Y ENSAYOS, Gustavo A. Bécquer.** *(Prof. M. Cristina Planas y M. del Carmen Plaza)*
009 - **MARÍA, Jorge Isaacs.** *(Prof. Silvia Calero)*
010 - **ANTOLOGÍA DE COMEDIAS Y SAINETES ARGENTINOS, I.** *(Prof. Nora Mazziotti)*
011 - **EL MODERNISMO HISPANOAMERICANO, Antología.** *(Prof. Inés La Rocca)*
012 - **CUENTOS PARA EL PRIMER NIVEL I, Antología.** *(Prof. Lidia Blanco y Florencia E. de Giniger)*
013 - **FUENTEOVEJUNA, Lope de Vega.** *(Prof. Susana D. de Leguizamón)*
014 - **ÉGLOGA I. Selección de SONETOS, Garcilazo de la Vega.** *(Prof. Susana Lastra de Mattio)*
015 - **EL ALCALDE DE ZALAMEA, Calderón de la Barca.** *(Prof. Susana D. de Leguizamón)*
016 - **EL SÍ DE LAS NIÑAS, Leandro Fernández de Moratín.** *(Prof. Cristina Sisca de Viale)*
017 - **EL BURLADOR DE SEVILLA, Tirso de Molina.** *(Prof. Rosemarie Gaddini de Armando)*
018 - **EL BARROCO HISPANOAMERICANO, Antología.** *(Prof. Edith R. de López del Carril)*
019 - **EL CONDE LUCANOR, Selección de cuentos y sentencias, D. Juan Manuel.** *(Prof. Beatriz Parula de López Ganivet)*
020 - **CRONISTAS DE INDIAS, Antología.** *(Prof. Silvia Calero y Evangelina Folino)*
021 - **EL CAPITÁN VENENO, Pedro Antonio de Alarcón.** *(Prof. María Cristina Planas y María del Carmen Plaza)*
022 - **POESÍA Y TEATRO PARA EL PRIMER NIVEL, Antología.** *(Prof. Florencia E. de Giniger)*
023 - **PAGO CHICO Y NUEVOS CUENTOS DE PAGO CHICO, Selección, Roberto J. Payró.** *(Prof. Esther Lorenzini de Guardia)*
024 - **LA GENERACIÓN DEL 98, Antología.** *(Prof. Alejandrino Castro y Silvia Viroga)*
025 - **EN LA SANGRE, Eugenio Cambaceres.** *(Prof. Noemí Susana García y Jorge Panesi)*
026 - **LOS PROSISTAS DEL 80, Antología.** *(Prof. Alcira Badano)*
027 - **FAUSTO, Estanislao del Campo.** *(Prof. Noemí Susana García y Jorge Panesi)*
028 - **EL SOMBRERO DE TRES PICOS, Pedro Antonio de Alarcón.** *(Prof. Eduardo Dayan y María Carlota Silvestri)*
029 - **POEMA DE MÍO CID, Anónimo.** *(Prof. Emilse Gorría)*
030 - **ROMANCES NUEVOS Y VIEJOS, (ESPAÑOLES E HISPANOAMERICANOS), Antología.** *(Prof. Laura Rizzi y Laura Sánchez)*
031 - **EL BARROCO ESPAÑOL, Antología.** *(Prof. Edith R. de López del Carril)*
032 - **EL LICENCIADO VIDRIERA, Miguel de Cervantes.** *(Prof. Beatriz Parula de López Ganivet)*
033 - **PERIBÁÑEZ Y EL COMENDADOR DE OCAÑA, Lope de Vega.** *(Prof. Eduardo Dayan y María Carlota Silvestri)*
034 - **LA SEÑORA CORNELIA, Miguel de Cervantes.** *(Prof. Inés La Rocca y Alicia Parodi)*
035 - **SANTOS VEGA, Rafael Obligado.** *(Prof. Mónica Sánchez)*
036 - **CUENTOS PARA EL PRIMER NIVEL II, Antología.** *(Prof. Florencia E. de Giniger)*
037 - **JUVENILIA, Miguel Cané.** *(Prof. Beatriz Testa y Ana María Wiemeyer)*
038 - **EN FAMILIA, Florencio Sánchez.** *(Prof. Rosemarie Gaddini de Armando)*
039 - **LAS DE BARRANCO, Gregorio de Laferrère.** *(Prof. Cristina Sisca de Viale)*
040 - **LOCOS DE VERANO, Gregorio de Laferrère.** *(Prof. Graciela Ciucci y María Felisa Pugliese)*
041 - **DIVERTIDAS AVENTURAS DE UN NIETO DE JUAN MOREIRA, Roberto J. Payró.** *(Prof. Esther Lorenzini de Guardia)*
042 - **LA VIDA ES SUEÑO, Pedro Calderón de la Barca.** *(Prof. Susana D. de Leguizamón)*
043 - **CUENTOS DEL INTERIOR, Antología.** *(Prof. Adriana Maggio de Taboada)*
044 - **POESÍA Y PROSA RELIGIOSA DE ESPAÑA, Antología.** *(Prof. Susana Lastra de Mattio y Clara Alonso Peña)*

---

* Los nombres entre paréntesis y en bastardilla remiten a los docentes que tuvieron a su cargo la Introducción o el Póslogo, las notas y las Propuestas de trabajo que acompañan cada obra de la Colección Literaria LyC. En el caso de las antologías, el trabajo incluye también la Selección de textos.

FEDERICO GARCÍA LORCA

BODAS DE SANGRE

EDICIONES COLIHUE

Introducción, notas y propuestas de trabajo:
Prof. MARÍA CARLOTA SILVESTRI

Tapa: Ricardo Deambrosi, sobre dibujo de Federico García Lorca.

1ª edición / 5ª reimpresión

I.S.B.N. 950-581-110-1

© Ediciones Colihue S.R.L.
Av. Díaz Vélez 5125
(1405) Buenos Aires - Argentina

Hecho el depósito que marca la ley 11.723
IMPRESO EN LA ARGENTINA - PRINTED IN ARGENTINA

CRONOLOGÍA

	En París, los esposos Pedro y María Curie descubren el radio. En La Haya (Holanda), la primera manifestación pacifista internacional de mujeres afirma que la cuestión de la mujer y la cuestión de la paz son solidarias. En Buenos Aires nace Jorge Luis Borges.
1900	Una estadística informa que el analfabetismo femenino en España asciende al 71%. Emilia Pardo Bazán, de aristocrática familia gallega, escritora destacada y de una cultura notable, refleja uno de sus numerosos viajes en su libro *Cuarenta días en la Exposición Universal de París*.
1902	Finaliza la regencia de la reina María Cristina y Alfonso XIII accede a los dieciséis años al trono de España. Nacen Rafael Alberti y Luis Cernuda, futuros poetas españoles. En París abre sus puertas una Exposición Internacional de Artes y Oficios Femeninos.
1903	Nace Alejandro Casona, futuro comediógrafo español. Pedro y María Curie obtienen el Premio Nobel de Física. Caroline Rémy, colaboradora de *La Fronde* (publicación cultural france-

sa de gran nivel) es la primera mujer
que vive de su trabajo de periodista.

1904

El dramaturgo español José Eche-
garay recibe el Premio Nobel de Literatura. Su teatro de pasiones exa-
geradas gustaba a un público popular.

Aparece *Mis flores*, primer libro de
poemas de Concha Espina, escritora
y periodista española.

En Italia, la Unión de Mujeres Roma-
na crea cursos nocturnos para campe-
sinas analfabetas.

En la Argentina comienza la presidencia de Manuel Quintana.

1905

El poeta nicaragüense Rubén Darío
publica en Madrid *Cantos de vida y
esperanza*, obra que inicia una nueva
etapa dentro del *modernismo* literario.

Azorín publica *Los pueblos*.

La escultora argentina Lola Mora, de
formación académica europea, inaugura en Buenos Aires su *Fuente de
las Nereidas*. Los desnudos de figuras femeninas en esa obra originan
críticas y protestas; la fuente es reti-
rada de su emplazamiento céntrico y
llevada a la Costanera Sur, donde hoy
se encuentra.

1906

Alfonso XIII se casa con Victoria
Eugenia de Battemberg, de la familia

real de Inglaterra. La pareja sufre un atentado el día de la boda pero resultan ilesos; en cambio mueren 23 personas apostadas al paso de la carroza. En Finlandia las mujeres obtienen el derecho al voto y ocupan 19 bancas en la primera elección parlamentaria.
En la Argentina muere el presidente Quintana y asume el cargo José Figueroa Alcorta, hasta entonces vicepresidente.

1907

Antonio Maura es encargado por segunda vez del gobierno (Alfonso XIII lleva designados once jefes sucesivos de gabinete desde su ascenso al trono). Concierta acuerdos con Francia e Inglaterra sobre territorios costeros del Atlántico y del Mediterráneo.
Antonio Machado publica en Madrid *Soledades, Galerías y otros poemas*.
Nace Carmen Conde, futura periodista, escritora y poetisa. Habrá de ser, en 1978, la primera mujer que ingrese como miembro de la Real Academia Española de la Lengua.
En Francia se filma el primer largometraje del cine: *El hijo pródigo*, dirigido por Michel Carré.

1909 La familia se instala en la ciudad de Granada. Ya han nacido sus hermanos Francisco, Concepción e Isabel.

El envío de tropas a Marruecos para combatir a los nativos insurrectos es una medida impopular. Se producen violentas protestas, sobre todo en

EL AUTOR	ACONTECIMIENTOS HISTÓRICOS Y CULTURALES SIGNIFICATIVOS DE LA ÉPOCA
Comienza su Bachillerato en el Colegio del Sagrado Corazón de Jesús. Estudia piano y armonía con Antonio Segura.	Barcelona. España gana terreno en la guerra pero cae el gobierno de Maura. Jacinto Benavente da a conocer *Los intereses creados*. El suyo es un teatro popular que no excluye la crítica social. Georges Méliès dirige la primera película de ciencia-ficción: *Viaje a la Luna*.
1910	El rey designa a José Canalejas en el gobierno. La infanta Isabel de Borbón asiste en Buenos Aires a la celebración del centenario de la Revolución de Mayo. Se crea la Residencia de Estudiantes, en Madrid. Nace Miguel Hernández, futuro gran poeta español. Se permite a las mujeres españolas matricularse libremente en la Universidad. (Antes era necesaria una consulta previa a la autoridad oficial.) En la Argentina, finalizado el anterior período presidencial, es elegido para el cargo Roque Sáenz Peña.
1911	Se reanudan las hostilidades en Marruecos. La campaña es difícil y de logros parciales para España. El gobierno pone fin a una importante huelga ferroviaria militarizando a los obreros. María Curie obtiene el Premio Nobel

de Química.

Nace en la Argentina el futuro escritor Ernesto Sábato.

1912

Asesinato de Canalejas en Madrid. El rey designa al conde de Romanones al frente del Consejo de ministros.

Firma de un convenio con Francia sobre división del territorio de Marruecos en tres zonas de influencia: una francesa, otra española, y la zona internacional de Tánger.

Se establece una ley que prohíbe emplear a mujeres para desempeñar trabajos nocturnos; en la práctica esta forma de protección no se cumple.

Antonio Machado publica su libro de poemas *Campos de Castilla*.

En la Argentina se dicta la Ley Sáenz Peña que establece el sufragio universal masculino.

1913

El rey resulta ileso de un atentado en Madrid.

Crisis de autoridades en los partidos mayoritarios. Romanones pierde peso entre los liberales y renuncia; el rey entrega el poder a Eduardo Dato, nuevo jefe de los conservadores.

En Lyon (Francia), una obrera tipógrafa, Emma Couriau, desea afiliarse al sindicato correspondiente. No sólo le niegan el ingreso sino que expulsan al marido, del mismo oficio, por no haberle prohibido a su esposa que lo ejerciera.

Jacinto Benavente estrena en Madrid su obra *La malquerida.*

La Real Academia Española premia la novela *La esfinge maragata,* de Concha Espina, en la que critica la situación social de la mujer.

Llega por primera vez a la Argentina la actriz dramática española Margarita Xirgu, que habrá de ser gran intérprete de las obras de García Lorca.

1914   Inicia estudios de Filosofía y Letras y de Derecho en la Universidad de Granada. Se vincula con figuras relevantes del ambiente intelectual.

Continúa su aprendizaje musical: piano y guitarra.

Comienza la Primera Guerra Mundial. España, a pesar de su neutralidad, se resiente en distintos órdenes de la vida nacional, especialmente en lo económico.

En Alemania se crea el Servicio Nacional de Mujeres, cuerpo auxiliar de la administración para la asistencia y el aprovisionamiento durante la guerra.

Juan Ramón Jiménez publica *Platero y yo*, poética obra en prosa que le dará fama.

Miguel de Unamuno publica *Niebla*, novela que incluye valiosas reflexiones literarias.

Jorge Luis Borges viaja a Europa con su familia. Cursa estudios en Ginebra.

Muere el presidente argentino Sáenz Peña y asume el cargo Victorino de la Plaza, hasta entonces vicepresidente.

17

EL AUTOR	ACONTECIMIENTOS HISTÓRICOS Y CULTURALES SIGNIFICATIVOS DE LA ÉPOCA
1916 Escribe sus primeras poesías.	Caído el gobierno de Dato a fines del año anterior, Romanones inicia su segundo período. Debe enfrentar problemas de carestía y desórdenes sociales. Emilia Pardo Bazán asume la cátedra de Literaturas Contemporáneas en la Universidad de Madrid, a pesar del voto en contra de sus colegas masculinos. Es la primera mujer que accede a la docencia universitaria. En la Argentina, Alfonsina Storni publica su primer libro de poemas, *La inquietud del rosal*. Finalizado el período anterior, es elegido presidente Hipólito Yrigoyen.
1917 Publica su primer trabajo en el *Boletín del Centro Artístico de Granada:* es un texto literario en homenaje a José Zorrilla, en el centenario del nacimiento de ese poeta. Realiza un viaje de estudios por Castilla y otras regiones con compañeros de la Universidad. Los guía el profesor de Historia del Arte, D. Martín Domínguez Berrueta. A su paso por Baeza conoce al poeta Antonio Machado.	Sucesivos gabinetes presididos por García Prieto y Dato deben enfrentar planteos militares y protestas socialistas. En Rusia, la revolución bolchevique pone fin a la época de los zares. Se inicia la "dictadura del proletariado". Juan Ramón Jiménez publica su libro de poemas *Diario de un poeta reciencasado*.
1918 Publica en Granada su primer libro, *Impresiones y paisajes*, páginas en prosa poética que reflejan sus viajes del año anterior. Dedica la	Reiterados cambios de gobierno; primero un gabinete de coalición y luego se suceden figuras conocidas: Maura, García Prieto, Romanones.

obra a D. Antonio Segura (su viejo maestro de música) y a D. Martín Domínguez Berrueta y los condiscípulos de la Universidad (compañeros de aquellas excursiones).

En la taberna El Polinario, Lorca y tres amigos dramatizan en cuatro escenas una antigua leyenda granadina: "La historia del tesoro". Registran esos momentos en cuatro fotografías secuenciadas, que constituyen un esbozo de creación cinematográfica.

Finaliza la Primera Guerra Mundial con la derrota de Alemania.

En Austria e Irlanda se otorga el derecho de voto a las mujeres. En Inglaterra también, pero con limitaciones de edad, estado y educación.

Se publica en Madrid el primer manifiesto ultraísta. En él se anuncia la próxima aparición de *Ultra*, revista "en la que sólo lo nuevo hallará acogida".

1919 Se traslada a Madrid y se aloja en la Residencia de Estudiantes. Allí pasa los meses de clases hasta 1928, alternando con estadías en Granada. Se vincula con otros residentes que tendrán un futuro destacado: Salvador Dalí (pintor surrealista), Luis Buñuel (director de cine); conoce a grandes figuras del ámbito literario: el poeta Juan Ramón Jiménez, el novelista y dramaturgo Ramón del Valle-Inclán.

Preside el gabinete el conservador Sánchez Toca. Continúa la convulsión social.

Los países involucrados en la Primera Guerra Mundial firman el Tratado de Versalles, que implica un verdadero reajuste del mapa de Europa.

Manuel de Falla, notable músico y compositor andaluz, futuro amigo de Lorca, estrena su obra para danza *El sombrero de tres picos*, basada en la novela homónima de Pedro A. de Alarcón.

Borges se traslada a España, donde se integra al movimiento ultraísta e inicia su actividad literaria. Entre sus compañeros de tertulia está Gerardo Diego.

La Liga Internacional de Mujeres por la Paz y la Libertad envía delegadas al mundo entero para que transmitan sus resoluciones.

En la Argentina nace María Eva Duarte de Perón, más conocida como Evita. Su labor en el campo de la ayuda social durante el gobierno de su marido, el general Perón, habrá de destacarla entre 1945 y 1952, año de su temprana muerte.

1920   Estrena en Madrid su primera obra teatral, *El maleficio de la mariposa*, dirigida por Gregorio Martínez Sierra (otro "residente", también poeta y dramaturgo) y con el aporte coreográfico de la cantante y bailarina conocida como "la Argentinita".

Tras una fugaz gestión de Allendesalazar, cuarto gobierno de Dato. El número de huelgas en toda España asciende a más de 1.300. Se ejerce una represión sin medida.

El senado de Estados Unidos aprueba la ley que otorga a todas las mujeres el derecho al voto. Idéntica disposición en Canadá.

Valle-Inclán estrena sus obras *Luces de bohemia* y *Divinas palabras*.

Gerardo Diego publica *El romancero de la novia*. León Felipe, *Versos y canciones del caminante*.

1921   Publica su primera obra en verso, *Libro de poemas*, que obtiene una crítica muy favorable.

Juan Ramón Jiménez incluye en sucesivos números de su revista *Índice*, de reciente creación, dos nuevas series de poesías de Lorca: *El jardín de las morenas* y *Suite de los espejos*.

Dato muere asesinado, lo reemplaza Allendesalazar. Desastre militar en la guerra de Marruecos: se pierden territorios conquistados, pasan de 10.000 las bajas. Maura vuelve al gobierno por pocos meses.

La Inspección oficial denuncia más de 1.500 infracciones a la ley que prohíbe el trabajo nocturno de mujeres.

Aparece en Madrid la revista *Ultra*. Dámaso Alonso publica *Poemas puros. Poemillas de ciudad.*

Nace la escritora española Carmen Laforet, quien en 1956 habrá de obtener el Premio Nacional de Literatura con su libro *La mujer nueva.*

Borges regresa a la Argentina. Comparte la dirección de *Prisma*, revista mural de las vanguardias, y explica en *Nosotros*, otra revista del momento, los principios de la estética ultraísta.

Alfonsina Storni obtiene el Primer Premio Municipal y el Segundo Premio Nacional con su libro de poemas *Languidez*. Tiene a su cargo una cátedra en el Teatro Infantil Labardén.

En Nueva York nace Joseph Papp, quien habrá de destacarse como productor y empresario teatral en Broadway. A su interés por la cultura hispanoamericana se deberá el estreno, en 1992, de una nueva versión en inglés de *Bodas de sangre* de García Lorca, en el marco del New York Shakespeare Festival.

1922   Con Manuel de Falla (radicado en Granada y ya gran amigo de Lorca) organiza un Festival de Cante Jondo y lee una conferencia sobre esa particular expresión andaluza.

José Sánchez Guerra, conservador, preside el gabinete. Un decreto disuelve las Juntas de Defensa, organismos militares acusados de larga injerencia en el gobierno desde 1917. Continúa la guerra de Marruecos, se

21

responsabiliza a militares y funcionarios por su deficiente actuación.

En Italia, Benito Mussolini inicia su gobierno fascista con el título de "Duce" (caudillo, conductor).

Jacinto Benavente obtiene el Premio Nobel de Literatura.

La poetisa chilena Gabriela Mistral publica en Nueva York su libro *Desolación*.

En la Argentina es elegido presidente Marcelo T. de Alvear.

1923   En el Día de Reyes ofrece en su casa una "Fiesta para los niños" con función de teatro de títeres. Se representa su obra *La niña que riega la albahaca y el príncipe preguntón*, el entremés de Cervantes *Los habladores* y la pieza anónima medieval *Auto*[1] *de los Reyes Magos*. Manuel de Falla interpreta música clásica de fondo, las hermanas de Lorca colaboran en canto y le ayudan en el manejo de los muñecos.

Completa sus estudios de Derecho en la Universidad de Granada. Uno de sus compañeros de promoción es Guillermo de Torre, estudioso de las vanguardias literarias (casado años después con la pintora Norah Borges, hermana de Jorge Luis).

El general Miguel Primo de Rivera encabeza un golpe de estado, con aprobación del rey. Comienza un régimen dictatorial.

El ensayista y filósofo José Ortega y Gasset funda y dirige en Madrid la *Revista de Occidente*.

Pedro Salinas publica su primer libro de poemas, *Presagios*.

En la Argentina, también Borges publica su primera obra poética, *Fervor de Buenos Aires*. Viaja por segunda vez a Europa.

---

[1] *Auto:* composición teatral generalmente breve, con personajes bíblicos o alegóricos.

1924   Trabaja en la composición de tres obras que se conocerán en los años siguientes: *Canciones, Romancero gitano* y *Mariana Pineda*.

Primo de Rivera dirige personalmente la campaña en Marruecos, que continúa consumiendo vidas y fondos materiales.

Por su crítica contra la dictadura, Unamuno es desterrado a las islas Canarias. Logrará escapar de allí a Francia.

André Breton da a conocer en París el *Manifiesto surrealista*; con él nace una nueva tendencia en el arte.

Gabriela Mistral publica en Madrid su poemario *Ternura*.

Otro chileno, Pablo Neruda, publica en su tierra la obra que le da fama: *Veinte poemas de amor y una canción desesperada*.

1925   Pasa una temporada en Cadaqués, localidad de la Costa Brava, en casa de Salvador Dalí. Lee ante el pintor y su familia el texto terminado de *Mariana Pineda*, obra inspirada en una heroína popular de Granada del siglo XIX.

A pesar de la presión de la dictadura resurgen algunos partidos políticos.

En Marruecos los moros atacan la zona francesa. Una alianza entre España y Francia permite operaciones militares conjuntas más efectivas contra Abd-el-Krim y su República del Rif.

Guillermo de Torre publica *Literaturas europeas de vanguardia*, primer panorama de conjunto de las nuevas tendencias.

Ortega y Gasset publica *La deshumanización del arte*, obra que influirá sobre los jóvenes de la "generación del 27".

En Madrid se publican *Versos humanos* de Gerardo Diego y *Marinero èn tierra* de Rafael Alberti. También la novela *Doña Inés* de Azorín.

En Barcelona, Salvador Dalí realiza la primera exposición de sus obras.

En Buenos Aires se publican los libros de poemas *Luna de enfrente* de J. L. Borges y *Ocre* de Alfonsina Storni.

Es también el año de dos películas clave en la historia del cine: *La quimera del oro* de Charles Chaplin y *El acorazado Potemkin* de Serghei Eisenstein.

1926   En el Ateneo de Valladolid, presentado por Jorge Guillén y Guillermo de Torre, lee una selección de sus poesías. En el periódico local *El Norte de Castilla* se comenta luego que la velada tuvo "el encanto de una revelación".

Publica en la *Revista de Occidente* la *Oda a Salvador Dalí*.

Las tropas franco-españolas derrotan a las huestes de Abd-el-Krim, pero en la Península crece el descontento por las medidas autoritarias de Primo de Rivera, que afectan incluso a la oficialidad militar.

Antonio Machado y su hermano Manuel estrenan exitosamente *Desdichas de la fortuna*, obra escrita en colaboración. Pero el género teatral no está entre lo más valioso de ambos autores.

Louis Lumière patrocina en París la Escuela Técnica de Fotografía y Cinematografía. Con su hermano Auguste había patentado el cinematógrafo en 1895, año en que se realizó la primera función pública de cine.

1927 Publica su libro *Canciones*, que reúne poesías de 1921 a 1924.
A instancias de amigos, realiza una exposición de sus dibujos en la Galería Dalmau de Barcelona.
Estrena sucesivamente en Barcelona y en Madrid su obra *Mariana Pineda*. La actriz Margarita Xirgu da vida a la protagonista; los decorados son de Dalí.
Junto a Rafael Alberti, Jorge Guillén, Dámaso Alonso, Gerardo Diego y otros representantes de la que se dará en llamar "generación del 27", se presenta en el Ateneo de Sevilla para una lectura de obras.
En Granada lee su trabajo *La imagen poética de don Luis de Góngora*, en conmemoración del tricentenario de la muerte de ese poeta.

Pacificación de Marruecos.
Protestas estudiantiles ante disposiciones tomadas por el Ministerio de Instrucción.
Gregorio Marañón, eminente médico endocrinólogo español, publica un ensayo en el que sostiene que la mujer no es un ser inferior sino diferente del varón. Defiende la igualdad de *status* social para ambos pero establece la maternidad como "suprema misión" de la mujer, a la que debe supeditarse cualquier otra actividad.
Luis Cernuda publica su libro de poemas *Perfil del aire*.
La Gaceta Literaria, fundada por Ernesto Giménez Caballero, incluye críticas cinematográficas.
El cantante de jazz es el primer filme sonoro con diálogos y canciones.
Se crea la Academia de Artes y Ciencias Cinematográficas de Hollywood, que otorga cada año los premios Oscar.

1928 Funda en Granada la revista *Gallo*, que provoca polémicas en el ámbito universitario. Sólo llegan a editarse dos números; en el segundo aparecen sus obras teatrales breves *La doncella, el marinero y el estudiante* y *El paseo de Buster Keaton*.
Publica *Romancero gitano* en la *Revista de Occidente*, con un dibujo del

Sigue el descontento en distintos sectores de la vida española.
Estrenos exitosos en Madrid: los hermanos Machado presentan *Las Adelfas*; Jacinto Benavente, *Pepa Doncel*.
Jorge Guillén publica *Cántico*; Carmen Conde, *Brocal* (ambos, libros de poemas).
Luis Buñuel filma *El perro andaluz*.

25

propio Lorca para la cubierta.

Lee en el periódico *ABC* de Madrid la crónica de un crimen pasional ocurrido en un cortijo de Almería. El hecho le servirá de base para la historia central de *Bodas de sangre*, futura obra teatral de Lorca.

Pronuncia en la Residencia de Estudiantes de Madrid una conferencia: "Las nanas[2] infantiles" (forma poética que utilizará en *Bodas de sangre*).

Ernesto Giménez Caballero inaugura en Madrid el "Cine Club Español"; allí se proyectan películas y se difunden reseñas sobre obras y directores. Lorca es un asiduo concurrente.

En la Argentina se inicia la segunda presidencia de Hipólito Yrigoyen.

1929   Viaja a Nueva York. Allí reside, salvo breves ausencias, en la Universidad de Columbia, donde frecuenta a algunos españoles como Dámaso Alonso y León Felipe. Un amigo mexicano le pide que escriba un guión para cine: *Viaje a la luna*. El texto es más bien literario aunque incluye acotaciones técnicas. Nunca llegará a filmarse.

El gobierno sofoca sublevaciones militares en Ciudad Real y Valencia; llega a disolver por decreto el Cuerpo de Artillería.

En represión de protestas estudiantiles se cierran las Universidades de Madrid, Oviedo, Barcelona y otros centros docentes. Renuncian catedráticos.

Se aprueba el decreto sobre seguro de maternidad, por el que se respeta a la mujer el puesto de trabajo antes y después del parto. En la práctica, se aplicará recién durante la Segunda República.

Período de depresión económica en todo el mundo a partir de la caída de

---

[2] *nana:* canción de cuna.

la Bolsa en Nueva York.

La Lola se va a los puertos, de los hermanos Machado, se estrena en Madrid con la actriz argentina Lola Membrives.

Rafael Alberti publica *Cal y canto*, libro de poemas.

El perro andaluz de Buñuel se exhibe en el Cine Club Español.

En Buenos Aires, Borges publica su libro de poemas *Cuaderno San Martín* y recibe el Segundo Premio Municipal de Literatura.

1930   Continúa su estadía en Nueva York. Dicta conferencias, estrecha amistades; reencuentra al torero Ignacio Sánchez Mejías, a quien había conocido en España.

Viaja a Cuba invitado por la Institución Hispanocubana de Cultura.

Regresa a su patria.

La compañía teatral de Margarita Xirgu estrena en Madrid *La zapatera prodigiosa*.

Sin apoyo militar ni del rey, renuncia Primo de Rivera. El general Berenguer preside el nuevo gobierno de derecha, verdadera continuación de la dictadura: el vulgo lo llama *dictablanda*. Sin embargo, hay signos de rectificación: se permite a Unamuno regresar al país, se rehabilita el Cuerpo de Artillería.

Luis Buñuel filma *La edad de oro*.

Gabriela Mistral se desempeña como profesora visitante en la Universidad de Columbia (Estados Unidos).

En la Argentina, un golpe militar encabezado por José Félix Uriburu derroca al presidente Yrigoyen.

1931   Publica el *Poema del cante jondo*. Trabaja en la composición de nuevas obras.

En las elecciones municipales de abril triunfan los republicanos y socialistas en todo el país. Para evitar una

En la Residencia de Estudiantes hace una lectura pública de textos de *Poeta en Nueva York*.

guerra civil, el rey Alfonso XIII abandona España con su familia.

Comienza la llamada Segunda República con un gobierno provisional de coalición. Su representantes suscriben en el Pacto de San Sebastián los principios programáticos. Se aprueba una nueva Constitución. Niceto Alcalá Zamora asume como presidente, sustituido luego por Manuel Azaña.

En la Argentina, Victoria Ocampo funda y dirige la revista *Sur*, en la que colaboran intelectuales de todo el mundo; uno de ellos, Jorge Luis Borges.

1932 Con apoyo oficial, funda y dirige un grupo universitario de teatro ambulante, "La Barraca". Con él recorre pueblos de España representando a los clásicos: Lope de Vega, Calderón de la Barca, Tirso de Molina, Cervantes. Comparte las responsabilidades escénicas con Eduardo Ugarte.

Repite en la ciudad de Huelva la exposición de dibujos que mostró por primera vez en Barcelona en 1927.

En medio de dificultades económicas el gobierno republicano encara reformas en distintas áreas: limita privilegios de la Iglesia y de la nobleza terrateniente, accede a algunas autonomías regionales, promulga importantes leyes laborales y civiles (como la del derecho femenino al voto). La izquierda está descontenta por la lentitud de las medidas; la derecha le teme al comunismo.

Dos poetas conocidas publican libros: Vicente Aleixandre, *Espadas como labios*; Gerardo Diego, *Poemas adrede*.

Se construyen en Barcelona los primeros estudios de filmación en España, los *Orphea Films*. Se organiza el primer curso universitario sobre cinematografía en la Universidad local.

Nace Carlos Saura, futuro director de cine español. Será el creador, en 1981, de una versión de *Bodas de sangre* de García Lorca.

En la Argentina llega a la presidencia Agustín P. Justo en elecciones muy cuestionadas.

1933   La compañía de Josefina Díaz de Artigas estrena en Madrid *BODAS DE SANGRE*. También se estrena *Amor de Don Perlimplín con Belisa en su jardín*.

Viaja a la Argentina, Uruguay y Brasil. En Buenos Aires se aloja en un hotel de la Avenida de Mayo y despliega una intensa actividad.

Presenta *Bodas de sangre*, con Lola Membrives en el papel de la Madre. Los poetas Pablo Neruda y Oliverio Girondo asisten a la primera función en el teatro Maipo.

También da a conocer *La zapatera prodigiosa* y *Mariana Pineda*.

Dirige una versión de *La dama boba* de Lope de Vega, con Eva Franco como protagonista.

Pronuncia conferencias, asiste a encuentros literarios. En uno de ellos organizado por el Pen Club en homenaje a Rubén Darío, sorprende con

La CEDA, una federación de tendencia derechista, se impone en las elecciones para diputados.

José Antonio Primo de Rivera, hijo del dictador, funda la Falange Española.

El grupo universitario "La Barraca" estrena una versión escénica del poema *La tierra de Alvargonzález*, de Antonio Machado.

Varios poetas publican libros trascendentes: Pedro Salinas, *La voz a ti debida*; Vicente Aleixandre, *La destrucción o el amor*; Miguel Hernández, *Perito en lunas*.

En Chile, antes de su viaje a Buenos Aires, Pablo Neruda publica *Residencia en la tierra*.

29

un discurso "al alimón"³ compartido con Neruda.

Dirige durante dos meses un radioteatro en colaboración con Edmundo Guibourg, quien años más tarde llevará al cine *Bodas de sangre*. Conoce a destacadas personalidades: Carlos Gardel, Victoria Ocampo, Samuel Eichelbaum...

1934 Regresa a España. En una entrevista publicada en el *Heraldo de Madrid* habla con entusiasmo de su estadía en Buenos Aires y del público porteño: más de cien funciones de cada obra presentada.

Ignacio Sánchez Mejías muere en su ley, toreando. Lorca escribe en su memoria *Llanto por Ignacio Sánchez Mejías*.

La compañía de Margarita Xirgu estrena *Yerma* en Madrid.

Las violentas expresiones de la izquierda (Revolución de Octubre) contra el ingreso de tres ministros de la CEDA al gobierno constituyen el primer síntoma de la guerra civil.

La Falange se fusiona con la JONS (Junta de Ofensiva Nacional Sindicalista).

En Alemania asume el poder Adolfo Hitler, *führer* (jefe) del partido nazi.

Gana espacio el teatro taquillero de Alejandro Casona con *La sirena varada*.

Ramiro de Maeztu publica *Defensa de la hispanidad*.

Rafael Alberti funda la revista revolucionaria *Octubre*.

Miguel Hernández publica *El silbo vulnerado*, libro de poemas. También de poesía es *Júbilos*, de Carmen Conde.

En Buenos Aires aparece *Mundo de*

---

³ *al alimón:* lance en que dos toreros enfrentan juntos el mismo toro con una sola capa.

siete pozos de Alfonsina Storni.

En París, María Curie muere de leucemia provocada por la larga exposición a las radiaciones a que la llevó su pasión investigadora.

1935   Con motivo del éxito de *Yerma*, el autor recibe una nota de homenaje firmada, entre otros, por Juan Ramón Jiménez, Casona y Valle-Inclán.

A su vez, Lorca participa de un homenaje a Pablo Neruda.

Lola Membrives estrena una versión ampliada de *La zapatera prodigiosa,* en Madrid.

En la Feria del Libro de esa ciudad se representa su obra para títeres *Retablillo de Don Cristóbal.*

Publica el *Llanto por Ignacio Sánchez Mejías*, que ya había leído en público.

Estrena en Barcelona *Doña Rosita la soltera o el lenguaje de las flores*, con Margarita Xirgu.

Se dedica a preparar la edición de *Poeta en Nueva York*, que no llega a publicarse en vida del autor.

Los monárquicos, los derechistas de la CEDA y los falangistas se distancian del gobierno. El ejército se prepara a sofocar una temida revolución, ya sea socialista, anarquista o comunista.

Ante la crisis el presidente disuelve las Cámaras y convoca a elecciones. La campaña electoral es turbulenta.

El fascismo se va imponiendo en toda Europa.

Dámaso Alonso publica su ensayo *La lengua poética de Góngora.*

En Buenos Aires, Borges se da a conocer como narrador con *Historia universal de la infamia.*

Victoria Ocampo publica *Testimonios* (1ª serie). Su labor como escritora y su acción en el campo de la cultura harán que llegue a ser, en 1976, la primera mujer miembro de la Academia Argentina de Letras.

Charles Chaplin filma *Tiempos modernos.*

En Sitges (Cataluña) se celebra el Primer Congreso Internacional de Cine Amateur.

En Nueva York nace Gloria Steinem,

que será una de las principales mili-
tantes del movimiento de liberación
femenina.

1936   En Madrid comienzan los
ensayos para el estreno de *Así que
pasen cinco años.*
Lee ante un grupo de amigos el texto
terminado de *La casa de Bernarda
Alba,* que no alcanza a representarse
en vida del autor.
Viaja a Granada y llega el mismo día
en que la ciudad cae en poder de los
insurrectos. Manuel Fernández
Montesinos, alcalde socialista y cu-
ñado de Lorca, es tomado prisionero
y ejecutado. Días después ordenan al
propio poeta permanecer en su casa a
disposición de la nueva autoridad.
"No soy rojo ni político" alega sin
resultado.
Su amigo el poeta Luis Rosales, de
familia falangista, lo hospeda para
protegerlo, pero en vano: allí mismo,
donde se creía seguro, es arrestado el
15 de agosto con falsas acusaciones.
En la noche del 19 lo sacan de su
celda y lo llevan a Viznar, en las
afueras de Granada. A la madrugada
lo fusilan a un lado del camino con
otros tres detenidos.
Un crimen arbitrario e inútil: la voz
de Lorca todavía habla desde su literatura.

Triunfa en las elecciones el Frente
Popular, una coalición de izquierda.
Asume la presidencia Manuel Azaña.
Se subleva Francisco Franco y otros
generales de la guarnición española
en Marruecos. Estalla la Guerra Civil
y se extiende a las principales ciudades de la Península. El gobierno re-
siste en Madrid y Barcelona; los in-
surgentes cuentan con amplio apoyo
en al resto del país.
Intervienen potencias extranjeras:
Alemania e Italia reconocen a Franco
como Jefe del Estado Español; la
Unión Soviética y las Brigadas Inter-
nacionales sostienen a los republicanos, pero el gobierno debe trasladarse a Valencia. España se convierte en
un campo de batalla de ideologías
rivales.
Algunos poetas publican nuevas
obras: Pedro Salinas, *Razón de amor*;
Luis Cernuda, *La realidad y el deseo*;
Jorge Guillén, la edición ampliada de
Cántico; Miguel Hernández, *El rayo
que no cesa.*
Antonio Machado escribe su elegía
"El crimen fue en Granada", en homenaje a García Lorca.
Mueren Unamuno, Valle-Inclán y

Maeztu.

En la Unión Soviética se dicta la norma de "a igual trabajo, igual salario" en favor de la mujer.

Victoria Ocampo funda la Unión de Mujeres Argentinas y la preside hasta 1938.

1937

Las tropas franquistas vencen la resistencia en Asturias y conquistan todo el noroeste de España. El gobierno republicano vuelve a trasladarse, esta vez a Barcelona.

Pablo Picasso pinta su cuadro *Guernica*, estremecedora visión del ataque contra esa población vasca por parte de la aviación alemana aliada a los franquistas.

Miguel Hernández, de participación republicana durante la guerra, publica *Viento de pueblo*.

Alejandro Casona estrena *Prohibido suicidarse en primavera*.

En Estados Unidos, Walt Disney crea el primer largometraje de dibujos animados, *Blancanieves y los siete enanitos*.

1938

Los franquistas se adueñan de una franja entre los territorios leales de Castilla y Cataluña, y avanzan hacia el Mediterráneo y Barcelona.

En la Argentina, asume el presidente Roberto Ortiz en época de fraudes electorales.

Muere Alfonsina Storni. Gabriela Mistral publica en Buenos Aires su libro *Tala*.

Ernesto Sábato termina su doctorado en Física y recibe una beca para trabajar en el Laboratorio Curie de París.

Edmundo Guibourg dirige la primera versión cinematográfica de *Bodas de sangre*, interpretada por Margarita Xirgu.

1939

Finaliza la Guerra Civil con la rendición de Madrid, Barcelona y Valencia. Las pérdidas en vidas y bienes son incalculables.

Comienza la Segunda Guerra Mundial, en la que España no participa.

Antonio Machado muere a poco de cruzar la frontera con Francia, adonde marchaba exiliado.

Miguel Hernández, futura víctima del franquismo, publica su poemario *El hombre acecha*.

Sábato regresa a la Argentina. Aún no ha iniciado su etapa de escritor, que le dará fama.

Gracias al éxito mundial de *Lo que el viento se llevó*, se impone el tecnicolor en el cine.

INTRODUCCIÓN

GENERACIÓN: 27. EDAD: 29.

En 1627, pleno Siglo de Oro español, murió el gran poeta andaluz Luis de Góngora, renovador de la poesía castellana.

Trescientos años después, en vísperas de cumplirse un nuevo aniversario de aquella muerte, un grupo de jóvenes poetas que se autocalificaban de "nietos de Góngora" organizó una serie de celebraciones en memoria de "don Luis". Entre esos nuevos poetas estaba otro andaluz, Federico García Lorca. Tenía 29 años y él también habría de renovar la poesía española. Corrían los primeros meses de 1927...

¿Qué lazo ligaba a estos poetas del siglo XX con aquel otro antecesor barroco? Particularmente, la pasión por las metáforas, unas metáforas audaces y brillantes en la utilización del lenguaje, y a la vez oscuras, difíciles en la interpretación de su sentido.

Así describe Góngora cómo desemboca en el mar un arroyo de estrecho cauce:

> "... y mucha sal no sólo en poco vaso,
> mas su ruina bebe..."

Y así define García Lorca a la luna y su claridad en el acto III de *Bodas de sangre:*

> "Cisne redondo en el río,
> ojo de las catedrales,
> alba fingida en las hojas..."

La predilección por la metáfora no es la única afinidad entre los representantes de la generación el 27 (o *grupo poético* del 27, como algunos prefieren llamarlos, teniendo en cuenta que no representaron

35

a toda la juventud literaria de su época). De ellos puede decirse también que:

- nacieron por los mismos años (un período no mayor de una década, entre 1892 y 1902);
- alrededor de 1925 tenían ya algún libro publicado;
- les abrieron el camino las vanguardias ultraístas (el *ultraísmo* fue un movimiento de corta vida, interesado en lo experimental; incorporó a la poesía temas del mundo urbano contemporáneo, sobrevaloró el efecto sorpresivo y las novedades y dejó de lado lo narrativo y lo sentimental);
- su afán de originalidad los llevó a una poesía a veces hermética, muy trabajada, para un público reducido;
- simultáneamente, mostraron gran respeto por la tradición lírica española, tanto la culta (Góngora) como la popular (romances, canciones);
- recibieron influencia del *surrealismo*, tendencia nacida en Francia que alcanzó a distintas manifestaciones del arte; proponía una auténtica libertad imaginativa y otorgaba carácter de *suprarealidad* al mundo onírico o de los sueños. (En pintura, el surrealismo tuvo en España un exponente notable: Salvador Dalí.)
- fueron intelectuales (algunos de ellos, "poetas profesores" con importante obra crítica).

Sin embargo, la fuerte personalidad individual de los poetas del 27 los hizo desarrollar estilos propios y característicos, y aun evolucionar hacia formas que contradicen las de sus comienzos. Así, frente a una primera inclinación hacia una poesía pura, aséptica, sin reflejo de inquietudes sociales, la proclamación de la República (1931) y la Guerra Civil Española (1936) les impusieron una ineludible politización.

Éstas fueron las principales figuras de la generación del 27 (se indica entre paréntesis el año de nacimiento): Pedro Salinas (1892), Jorge

Guillén (1893), FEDERICO GARCÍA LORCA (1898), Vicente Aleixandre (1898), Gerardo Diego (1898), Dámaso Alonso (1898), Rafael Alberti (1902), Luis Cernuda (1902).

LOS AMORES DE LORCA

Federico García Lorca era un hombre de múltiples facetas. Decir de él que fue un poeta (aunque sea una palabra hondamente rica, mucho más que su sentido vulgar de 'el que escribe versos') es reducirlo injustamente. Jorge Guillén, amigo y compañero de generación, prefirió definirlo así:

> Fue una criatura extraordinaria. "Criatura" significa esta vez más que "hombre". Porque Federico nos ponía en contacto con la creación, con ese conjunto de fondo en que se mantienen las fuerzas fecundas, y aquel hombre era ante todo manantial.

¿Qué manaba de este creador? Una pasión por el arte y la belleza, una continua expresión de su sensibilidad a través de distintos códigos.

Amaba la poesía y fue un amor correspondido: puntualmente el "duende" de la inspiración (como él lo llamaba) acudía a su cita.

Amaba el teatro y no sólo escribió para la escena sino que fundó y dirigió "La Barraca", aquel conjunto universitario que recorría los pueblos de España representando lo mejor del teatro clásico nacional. Y las sencillas gentes del interior respondieron con su aplauso.

Amaba la música, tocaba el piano y la guitarra. No había reunión que no amenizara, cantando y acompañándose. Recogió del pueblo canciones tradicionales, las armonizó y difundió. Siguiendo esa línea creó, entre otras, la partitura de las coplas del cortejo para *Bodas de sangre*. Manuel de Falla, notable músico y compositor español, fue gran amigo de Lorca y colaboró con él en algunos proyectos.

Amaba el dibujo y la pintura, más bien como tímido aficionado. Dibujaba a pluma, a lápiz, a lápices de colores, unas figuras que parecen infantiles y otras como salidas de un sueño. No sólo la composición de las escenas, en su teatro, tiene cualidad plástica; su intuición de la línea y el color aparece en las acotaciones sobre la escenografía, y muchas veces realizó personalmente los bocetos de la decoración de un espacio y del vestuario que imaginaba para sus personajes. Sus amigos solían recibir cartas "animadas con dibujos", como decía Lorca. Entre esos amigos entrañables estaba Salvador Dalí, un grande de la pintura.

Amaba el movimiento armonioso y rítmico, y muchas de sus escenas teatrales de conjunto equivalen a un verdadero ballet. La cantante y bailarina Encarnación López Júlvez, conocida como "la Argentinita", tuvo un trato familiar con Lorca y fue responsable de los aportes coreográficos para *El maleficio de la mariposa*, primera obra teatral del autor.

Amaba la magia del cine, ese arte nuevo que nació casi al mismo tiempo que él y que en 1927 se enriqueció con el sonido. "A mí me encantaría hacer cine hablado y voy a probar a ver qué pasa", confesaba Lorca a su familia en carta desde Nueva York. Y escribió, a pedido, un guión para una película que no llegó a filmarse. Amigo de Luis Buñuel, gran director español, el cine pudo haber sido, quizá, el arte de los años de madura experiencia de Lorca.

Tantas cosas amó... Y por sobre todo, amaba la vida, esa vida que lo abandonó tempranamente, bajo el signo de la violencia política, a los 38 años.

EL TEATRO NEOPOPULAR

El genio creador que mostró Lorca en el campo de la poesía brilla también en el teatro. Y así como sus poemas llevan la marca innovadora propia de la generación del 27, pero a la vez se insertan en una tradición culta (Góngora) y popular (romances, cancioneros), sus obras dramáticas más representativas son herederas de aquellas otras, exitosas y populares, del siglo XVII. (Ya se ha dicho que el repertorio que eligió representar el conjunto "La Barraca" consistía en teatro clásico nacional.)

De ese teatro del Siglo de Oro, las obras de Lorca tienen reminiscencias de una figura en especial: Lope de Vega.

Lorca y Lope coinciden en el gusto por las escenas de conjunto con canciones y bailes populares. Las coplas del cortejo nupcial en *Bodas de sangre* tienen un aire de familia con los "parabienes" o felicitaciones que les cantan a los novios de una boda campesina en *Peribáñez y el Comendador de Ocaña*, de Lope:

> "Y a los nuevos desposados
> eche Dios su bendición;
> parabién les den los prados,
> pues hoy para en uno son."

Tanto Lorca como Lope se inspiraron a veces, para sus obras dramáticas, en sucesos reales. Es seguro que Lope leyó una crónica de Rades y Andrada sobre el levantamiento, en 1476, de todo el pueblo de Fuenteovejuna contra el Comendador Mayor de la Orden de Calatrava; de allí extrajo el núcleo real, histórico, para su obra *Fuenteovejuna*, publicada en 1619.

De un modo similar, Lorca tomó la idea central de *Bodas de sangre* de una crónica policial aparecida en 1928 en un periódico. Allí se relataba un hecho sucedido en Almería: una novia huyó con otro hombre horas antes de la boda, y el hermano del novio mató al seductor para vengar el honor de la familia.

Pero uno y otro autor transformaban sus fuentes, agregaban elementos que enriquecieran el dramatismo de la historia, le ponían el sello de su talento. Y maduraban la idea: Lorca estrenó *Bodas de sangre* recién en 1933.

En esta tragedia y en *La casa de Bernarda Alba* especialmente, Lorca coincide con Lope en uno de los grandes temas no sólo del teatro sino de toda la literatura española: la honra. Desde el precursor *Poema del Cid* (hacia 1140), el buen nombre, la consideración social, el juicio que del valor de un hombre se forman los demás, influye sobre la conducta y el destino de un sinnúmero de personajes. Y aunque la exitosa repercusión de las obras de Lorca y de Lope, cualquiera fuese su tema, es prueba elocuente de su calidad, no puede olvidarse la afirmación de Lope en su *Arte nuevo de hacer comedias:*

> "Los casos de la honra son mejores
> porque mueven con fuerza a toda gente..."

Pero después de los puntos en común señalados, una diferencia importante: el teatro del Siglo de Oro se escribía en verso; en cambio Lorca, salvo excepciones entre sus primeras obras, elige en forma predominante la prosa. Éstas son declaraciones del autor, poco después del estreno de *Bodas de sangre:*

> "No más una obra dramática con el martilleo del verso desde la primera a la última escena. La prosa libre y dura puede alcanzar altas jerarquías expresivas, permitiéndonos un desembarazo imposible de lograr dentro de las rigideces de la métrica. Venga en buena hora la poesía en aquellos instantes en que la disposición y el frenesí del tema lo exijan. Mas nunca en otro momento."

En el teatro de Lorca no sólo se mezcla la prosa y el verso; es que se mezcla, al decir de Guillermo Díaz-Plaja, "el más duro realismo y la más desbordada irrealidad", elementos que siempre han sido del gusto del pueblo.

Esta dramaturgia que se nutre en la tradición y que no olvida a los grandes precursores del género es, a la vez, altamente renovadora y personal, audaz en su costado crítico de prejuicios, simbólica en sus ambiguos ingredientes poéticos.

Federico García Lorca no sólo es un representante del llamado *neopopulismo.* Es un grande del teatro.

MUJERES: VIDA PRIVADA... DE UNAS CUANTAS COSAS

Lorca se inspiró para *Bodas de sangre* en un suceso contemporáneo (1928) y estrenó la obra en 1933. Los personajes a los que les dio vida, por ser de una comunidad rural y por lo tanto con tendencias tradicionales, conservadoras, parecen de una época un poco anterior. La Novia lleva para la ceremonia "un traje negro mil novecientos", dice una anotación.

¿Cómo era ese mundo, esa gente, fuera de la ficción del teatro?

Había comenzado el éxodo hacia las grandes ciudades por la oportunidad de trabajo ofrecida sobre todo a partir de 1914, cuando se inició la Primera Guerra Mundial. Pero el grueso de la población vivía en el campo.

Los espacios privados y públicos estaban claramente diferenciados: por un lado, la casa; por el otro, el afuera. La gente se conocía y se trataba camino al mercado, a la salida de misa, en ocasión de una fiesta o compartiendo tareas agrícolas y de cuidado de animales.

Las familias se ocupaban de pactar el matrimonio de los jóvenes y si había acuerdo, los prometidos podían "hacer el amor"... que consistía nada más que en charlas a través de la reja de una ventana o en encuentros muy vigilados por todo el grupo social. Era difícil la intimidad y poco guardados los secretos.

¿Y cuál era la situación de las mujeres?

Desde que nacían eran criadas para convertirse en futuras esposas y madres, adiestradas en labores y tareas domésticas. Es lo que reflejan estas citas de *Bodas de sangre*, en las que habla la Madre refiriéndose a su futura nuera y a los nietos que vendrán:

> "Yo sé que la muchacha es buena. (...) Modosa, trabajadora. Amasa su pan y cose sus faldas..."

> "...pero que haya niñas. Que yo quiero bordar y hacer encaje y estar tranquila."

Se esperaba de las mujeres que en su rol de "Ángeles del Hogar" agotaran todos sus deseos y necesidades. Otra cita de *Bodas de sangre*; le habla la Madre a la Novia:

> "¿Tú sabes lo que es casarse, criatura? (...) Un hombre, unos hijos y una pared de dos varas de ancho para todo lo demás."

41

Y la novia contesta:

"Yo sabré cumplir."

El matrimonio y la maternidad, entendida ésta como obligación biológica y contribución al crecimiento de la comunidad, impedían a la mujer realizar trabajos fuera del hogar. Contribuía a la economía familiar atendiendo la pequeña huerta o el gallinero doméstico, lavando y planchando para otros, pero en su casa.

Sólo algunas, por real necesidad, viudas o solteras sin familia, trabajaban en el campo. En *Bodas de sangre* se habla de "las mujeres que cogen las alcaparras"; otras participaban de la vendimia o la cosecha de aceitunas y cereales. Una estadística de 1913 informa que en Andalucía se les pagaban salarios un 50% inferiores a los de los hombres.

Las mujeres vestían sencillamente. Eran pocas las que podían acceder a la moda que venía de las ciudades. En *Bodas de sangre* una muchacha describe con admiración las medias caladas que le obsequiarán a la Novia el día del pedido formal:

"¡Ay, qué medias! ¡El sueño de las mujeres en medias!"

Se usaban medias incluso en verano. El cuerpo se cubría de varias prendas, oculto a los ojos propios y ajenos; sobre la cabeza, salvo para andar dentro de la casa, una mantilla. Mostrarse de otra manera ante extraños era escandaloso. Por eso en *Bodas de sangre* la Criada recrimina a la Novia que sale en enaguas mientras está Leonardo.

Condiciones auténticamente femeninas eran, según el consenso general: pasividad, debilidad, sumisión, servicio, silencio.

"El refresco. ¿Está frío?", le ofrece la Mujer a Leonardo.

"Y yo dormiré a tus pies
para guardar lo que sueñas.", le promete la Novia.

"No habla nunca.", dice el Padre en elogio de ella.

Y entre las cosas de las que no debían hablar (¿no debían sentir?) las mujeres, estaba el sexo. Fecundas para dar hijos, y nada más.

¿Qué versión da Lorca del mundo femenino?

Muchos escritores habían empezado a defender, desde sus páginas, la causa y los derechos de toda clase de minorías y de oprimidos. Lorca elige ser la voz de dos grupos discriminados: los gitanos y las mujeres.

Son mujeres la mayoría de los personajes protagónicos de sus obras; mujeres que sin dejar de responder a la imagen que hasta aquí se ha trazado de ellas, se alzan con una energía y unos requerimientos nuevos que, aunque luego resulten vencidas, las hacen inolvidables.

Primero, la ampliación de sus condiciones hasta llegar a invadir el territorio del varón. Dice la Novia de *Bodas de sangre*:

"¿No he hecho yo trabajos de hombre? ¡Ojalá fuera!"

Y la Madre, aconsejando al Novio:

".... que sienta que tú eres el macho, el amo, el que mandas. Así aprendí de tu padre. Y como no lo tienes, tengo que ser yo la que te enseñe estas fortalezas."

Luego, dando un paso más, Lorca avanza desde afuera, desde el rol social, comunitario de las mujeres, y pasando por su mundo familiar, el de la casa, las vecinas, las criadas, llega a lo más profundo del corazón femenino y pone en palabras lo que intuye que allí se encierra. En palabras fuertes, francas, poco escuchadas de labios femeninos, al menos en letra impresa.

Así expresan las mujeres de Lorca la atracción que sienten por el hombre:

"... tu padre, que me olía a clavel y lo disfruté tres años escasos..." (la Madre al Novio)

"¡Dichosa tú que vas a abrazar a un hombre, que lo vas a besar, que vas a sentir su peso!" (la Criada a la Novia)

"Que te miro
y tu hermosura me quema." (la Novia a Leonardo)

Si la trilogía de *Bodas de sangre*, *Yerma* y *La casa de Bernarda Alba*
se consideran dramas expresivos de una cultura de la muerte, habrá que
decir que en tales obras la tragedia sobreviene por algunas mujeres
admirablemente vivas.

SOCIEDAD ANÓNIMA

En el teatro de Lorca se alza vivo, palpita, el pueblo español. Un
pueblo que Lorca pone de pie y hace vivir con su sola palabra.

La comunidad rural de *Bodas de sangre* aparece como un todo
genérico del que es posible distinguir algunos grupos e individualidades.

Los grupos

Están determinados por distintos ejes de organización. He aquí
algunos de ellos:

- el parentesco y las rivalidades

  "Yo no puedo dejar solos a tu padre y a tu hermano. Tengo
  que ir todas las mañanas, y si me voy es fácil que muera uno
  de los Félix, uno de la familia de los matadores, y lo
  entierren al lado. ¡Y eso sí que no!" (la Madre)

- el sexo

  "¡Los varones son del viento! Tienen por fuerza que
  manejar armas. Las niñas no salen jamás a la calle." (la
  Madre)

- los bienes

  "Ellos tienen dinero." (la Suegra)

  "Tú eres más rica que yo. Las viñas valen un capital." (el
  Padre)

  "Pero dos bueyes y una mala choza son casi nada."
  (Leonardo)

- el oficio u ocupación

  "Estuve con los medidores de trigo. Siempre entretienen." (Leonardo)

La actriz Lola Membrives (1883-1968) caracterizada como la Madre de Bodas de sangre.

"Iban negros los chiquillos que llevan el agua a los segadores." (la Vecina)

• las costumbres

"Los novios y nosotros iremos en coche hasta la iglesia, que está muy lejos, y el acompañamiento en los carros y en las caballerías que traigan." (el Padre)

Los individuos

Aunque ciertos personajes se destacan claramente del conjunto, no tienen nombre propio; su individualidad está basada en los vínculos de parentesco y en los roles que desempeñan dentro del conflicto. Son la Novia y el Novio (de la boda), la Madre y el Padre (de los contrayentes), la Mujer y la Suegra (de Leonardo). Hay también una Vecina, una Criada, una Mendiga; Muchachas y Leñadores, mencionados por su orden de aparición (1ª y 2ª; 1º, 2º y 3º).

¿Por qué esta particular manera de referirse a los personajes?

En primer lugar, los nombres son referencias útiles a la hora de leer la obra o de preparar su representación. Pero convertida ya en espectáculo, como su autor la concibió, las acciones y los diálogos de los personajes permiten al público conocer su individualidad y acompañarlos en los vaivenes del conflicto, más allá de que se llamen Juan o Pedro.

En segundo lugar, la significación de la historia que protagonizan se amplía con el uso de nombres genéricos. No es el drama de *estos* personajes, únicamente: es la historia repetida de tragedias de pueblo motivadas por el odio, la pasión, los prejuicios. (Recordar de dónde tomó Lorca la idea central de *Bodas de sangre.*)

Hay una excepción en la obra: Leonardo. Este nombre parece ser la síntesis de dos rasgos del personaje: la fuerza dominadora del *león* y el *ardor* del fuego. Su papel es fundamental en el conflicto; él es quien, movido a la vez por el orgullo, el rencor y la pasión hacia la Novia, no puede renunciar a ella. Leonardo altera el equilibrio de un proyecto de futuro en el que hubiera habido paz y descendencia para algunos, vejez tranquila para otros. Por él (pero también por un destino fatal recurrente, que persigue desde el pasado a los personajes) nada de eso será así.

ESPEJOS HUMANOS

En una comunidad donde todos se conocen y viven atentos a la conducta y los mínimos movimientos de los demás, el retrato de cualquiera de sus miembros puede surgir de la imagen que los otros tienen de él.

Los personajes de *Bodas de sangre* van siendo conocidos por el espectador o el lector a través de la acción, pero también se obtienen datos valiosos sobre cada uno a través de los comentarios que suscitan. Así, por ejemplo, se refieren a la Novia:

> "... mi novia es buena." (el Novio)
> "No habla nunca; suave como la lana, borda toda clase de bordados..." (el Padre)
> "Pero quien la conozca a fondo no hay nadie. Vive sola con su padre allí, tan lejos..." (la Vecina)
> "Ella es de cuidado." (Leonardo)

Y del Novio dicen:

> "Tu hijo vale mucho." (la Vecina)
> "No ha conocido mujer. La honra más limpia que una sábana puesta al sol." (la Madre)
> "¡Qué espaldas más anchas!" (la Mendiga)

Esta forma de la identidad dada por la palabra de otros no siempre está expresada en un enunciado concreto. Es interesante observar, en este sentido, el comienzo del cuadro primero, acto II de la obra; allí la Novia ha estado *mirándose en el espejo*, en los preparativos de la boda, pero es el áspero diálogo con Leonardo el que la lleva a *verse como de veras es y siente*. Por eso, poco después, huye con él.

LA PREGUNTA DIFÍCIL

Bodas de sangre se destaca, desde el título, entre otras obras teatrales de Lorca. En efecto, mientras la mayoría toma su nombre del personaje protagónico (*Mariana Pineda, Doña Rosita la soltera, La zapatera prodigiosa, La casa de Bernarda Alba*), en el caso de la obra aquí estudiada se impone la referencia al suceso por encima de sus protagonistas.

Ahora bien: ¿a quién o a quiénes puede considerarse protagonistas, entre los personajes principales? ¿A Leonardo y el Novio, rivales en el trágico duelo final? ¿A la Novia, eje del enfrentamiento entre los dos hombres? ¿A la Madre, que desde el principio tiñe la historia con sus presagios?

Para arriesgar una respuesta conviene vincular la cuestión con dos conceptos complementarios: *impulso, iniciativa*, por un lado; *acción, decisión*, por el otro.

Al final del acto II la Madre, aunque primero intenta detener a su hijo que pide un caballo para correr a vengarse, se une luego a ese propósito e impulsa al Novio:

> "No, no vayas. Esa gente mata pronto y bien...; pero ¡sí, corre, y yo detrás!"

Otro ejemplo ilustrativo es el siguiente fragmento del diálogo entre Leonardo y la Novia mientras huyen por el bosque:

LEONARDO. — Ya dimos el paso; ¡calla!,
porque nos persiguen cerca
y te he de llevar conmigo.
NOVIA. — ¡Pero ha de ser a la fuerza!
LEONARDO. — ¿A la fuerza? ¿Quién bajó
primero las escaleras?
NOVIA. — Yo las bajé.
LEONARDO. — ¿Quién le puso
al caballo bridas nuevas?
NOVIA. — Yo misma. Verdad.

Como se ve, los hombres *actúan*, pero el móvil, la razón de sus acciones es la actitud de las mujeres. Con ellas, deliberadamente o no, se *inicia*, se dispara la acción.

El mismo Leonardo parece entenderlo así, a pesar de que él, con su acoso permanente a la Novia, dio lugar a la fuga deshonrosa:

"Que yo no tengo la culpa,
que la culpa es de la tierra
y de ese olor que te sale
de los pechos y las trenzas."

La mujer marca el inicio, impulsa; el hombre, decide, actúa. Uno y otro son protagonistas.

Pero los hombres mueren, las mujeres los sobreviven. No se trata, sin embargo, del triunfo activo y solidario de uno de los sexos sobre el otro: las mujeres terminan en soledad. Resultan estremecedores algunos pasajes del cuadro final:

"No quiero ver a nadie. La tierra y yo. Mi llanto y yo. Y estas cuatro paredes." (la Madre a la Vecina)

"Tú, a tu casa.
Valiente y sola en tu casa.
A envejecer y a llorar." (la Suegra a la Mujer de Leonardo)

Novia. — Déjame llorar contigo.
Madre. — Llora. Pero en la puerta.

Estas mujeres sufridas muestran una asombrosa fuerza interior; son capaces de reflexionar, en plena situación límite, sobre conductas propias y ajenas:

"Está ahí, y está llorando, y yo quieta, sin arrancarle los ojos. No me entiendo. ¿Será que yo no quería a mi hijo?" (la Madre refiriéndose a la Novia)

La tragedia no las ha quebrado ni les restó lucidez. Condenadas a una vida sin futuro, ellas se yerguen en el final de la obra.

"¡AY HONRA, AL CUIDADO INGRATA!" (Lope de Vega)

Ya se ha dicho que el tema de la honra es uno de los lazos que une el teatro de Lorca con el del Siglo de Oro español. La *honra* como sinónimo de buena opinión de los demás, de imagen pública sin mancha, está presente tanto en uno como en otro. El que sigue es un ejemplo tomado de *Bodas de sangre:*

> "Mi hijo es hermoso. (...) La honra más limpia que una sábana puesta al sol." (la Madre)

Y tanto en Lorca como en los autores del Siglo de Oro, la honra es un bien de familia y requiere una conducta intachable de las mujeres de la casa. La mujer soltera que es seducida y abandonada, la mujer casada que traiciona al marido, traen la deshonra propia y familiar. Sólo una venganza sangrienta puede, a los ojos de la sociedad, reparar la infamia, recuperar la honra.

Pero trescientos años no pasan en vano y el tratamiento del tema no es el mismo en Lorca que en Lope de Vega, Calderón de la Barca u otros autores del siglo XVII.

Por lo pronto, en el teatro tradicional la venganza purificadora frente al adulterio de la mujer exigía la muerte de ambos miembros de la pareja culpable. Pero en *Bodas de sangre* muere Leonardo (el infamador), muere el Novio (el infamado) y conserva su vida la Novia (responsable de la deshonra).

Este desenlace tan diferente parece apuntar contra la falta de sentido del código de la honra. ¿Es acaso una solución, para el marido engañado, matar a su esposa y al seductor? ¿Es un final feliz para la familia? ¿O es un gesto de falso coraje al que empujan sin piedad unas normas sociales implacables? ¿Garantizan esas normas el resultado del duelo?

Y si desde la perspectiva masculina la deshonra siempre fue seguida de venganza, para la mujer significó, tradicionalmente, el silencio, cuando no la muerte. Por ejemplo en *El alcalde de Zalamea*, de Calderón de la Barca, la hija del protagonista ha sido violada por un capitán. Vengada la deshonra con la muerte del violador, ella, a pesar de su inocencia, acepta como destino la vida en un convento.

En Lorca las cosas no son así. Hay tragedia, hay injusticia, pero en lugar de silencio hay un grito femenino de protesta, de defensa, hasta de justificación.

Así le contesta la Mujer a Leonardo, en el acto II, cuando él pretende ir hasta la iglesia solo, a caballo, desairándola públicamente:

> "Y yo no soy mujer para ir sin su marido a un casamiento.
> ¡Que no puedo más!"

Y éstas son palabras de la Novia dirigidas a la Madre, casi al final de la obra:

> "¡Porque yo me fui con el otro, me fui! *(Con angustia.)* Tú también te hubieras ido. (...) Yo no quería, ¡óyelo bien!, yo no quería. ¡Tu hijo era mi fin y yo no lo he engañado, pero el brazo del otro me arrastró como un golpe de mar, como la cabezada de un mulo, y me hubiera arrastrado siempre, siempre, siempre, aunque hubiera sido vieja y todos los hijos de tu hijo me hubiesen agarrado de los cabellos!"

> "Véngate de mí; ¡aquí estoy! (...) Honrada, honrada como una niña recién nacida. Y fuerte para demostrártelo. Enciende la lumbre. Vamos a meter las manos; tú por tu hijo; yo, por mi cuerpo. Las retirarás antes tú."

Las mujeres de *Bodas de sangre* hacen oír su voz cuando llega la tragedia; pero luego callan, quizá para siempre.

SANGRE ANTES Y DESPUÉS DE LA BODA

Aunque la palabra *sangre* aluda en el título de la obra al final trágico de la historia, Lorca la pone en boca de sus personajes también con otras significaciones. Se ofrecen algunos ejemplos:

"Ese busca la desgracia. No tiene buena *sangre*." (el Padre)

(sangre = casta, linaje, caracteres heredados)

"Se estaban engañando uno al otro y al fin la *sangre* pudo más." (Leñador 1º)

(sangre = pasión, instinto)

"Pero la *sangre* que ve la luz se la bebe la tierra." (Leñador 2º)

(sangre = fluido vital derramado)

Así, el valor del título se enriquece con otras connotaciones: la huida de Leonardo y la Novia como boda metafórica oficiada por la pasión; la boda de los novios malograda por el enfrentamiento entre dos linajes; una boda que debió ser generadora de sangre nueva, de vida, y que termina convirtiendo la sangre viva en muerte.

En esta pluralidad de sentidos se reconoce una vez más al Lorca poeta, que nunca está ausente de su teatro.

EL DESTINO PUEDE MÁS

Los antiguos romanos designaban el destino con la palabra *fatum*. Esa palabra significaba también 'voluntad de los dioses' y 'desgracia'.

Todavía hoy existe la creencia en un destino que viene trazado desde afuera, desde un poder trascendente que decide de antemano cómo va a ser la vida de cada ser humano.

En *Bodas de sangre* esa fuerza determinante es el pasado. Los personajes aparecen condenados a repetirlo, aún cuando ese pasado no sea personal sino familiar. Y la palabra usada, más que destino, es *sino*:

"El mismo sino [que yo] tuvo mi madre." (la Mujer)

"Yo lo vi salir. (...) Expresaba el sino de su casta." (Leñador 3º)

La Madre, obsesionada por el recuerdo de su marido y de su hijo mayor, muertos en pendencias con los Félix, está condenada a vivir por tercera vez la terrible experiencia.

El Novio, que apuesta la mirar hacia el futuro con un proyecto personal y optimista, repite la muerte violenta que se llevó a los hombres de su familia.

Leonardo, de la rama de los Félix, muere en la misma ley que los de su linaje.

La madre de la Novia se consumió junto a un marido al que no quería pero siempre respetó. Ese mismo destino le aguardaba a la hija de no haber huido con Leonardo, y no muy distinto es el que le espera luego de su fatal opción.

Si los espacios cerrados son una constante en el teatro de Lorca, hay que agregar que en *Bodas de sangre* también están cerrados, metafóricamente, los caminos. No hay salida posible.

¿Fatalismo del autor? ¿Simple descripción de la castigada realidad del pueblo andaluz? ¿O crítica al sistema de valores sostenido por esa sociedad, que lleva a tales resultados? Para pensar...

NATURALEZA VIVA

La acción de *Bodas de sangre* transcurre en el ámbito rural: un pueblo o aldea, casas más y menos humildes, unos campos cultivados y otros áridos, un bosque. No se nombran lugares o regiones y las acotaciones describen apenas los espacios. Sin embargo, el mundo rural está allí, vívido, presente en todo momento a través de dos recursos: el lenguaje y los símbolos.

El lenguaje

El mayor indicio del ámbito al que pertenecen los personajes es su modo de narrar hechos, describir seres y objetos y expresar sentimientos tomando como punto de referencia a elementos de la naturaleza:

"Siendo niña vi la boda de tu abuelo. ¡Qué figura! Parecía como si se casara un monte." (la Criada)

"... y te sigo por el aire
como una brizna de hierba." (la Novia)

El procedimiento va más allá de la comparación; a veces directamente se define en forma metafórica:

"¿Y es justo y puede ser que una cosa pequeña como una pistola o una navaja pueda acabar con un hombre, que es un toro?" (la Madre)

"Era hermoso jinete,
y ahora montón de nieve." (la Mujer)

Los símbolos

Tres elementos de la naturaleza ascienden a la categoría de símbolos: la luna, el caballo, el agua.

La *luna,* corporizada en la figura de un leñador con la cara blanca, se asocia a la muerte. Los leñadores talan los árboles; la luna, al facilitar con su luz el encuentro y la lucha entre los hombres rivales, siega la vida.

El *caballo* de Leonardo es casi el otro yo del jinete. Brioso, desbocado, sudoroso, encarna la libertad y el instinto sexual del personaje. Leonardo mismo le confiesa a la Novia:

"Pero montaba a caballo
y el caballo iba a tu puerta."

El *agua* es la figura elegida por la Novia para explicar su conducta ante dos formas distintas del amor, en el cuadro final:

"Yo era una mujer quemada, llena de llagas por dentro y por fuera, y tu hijo era un poquito de agua de la que yo esperaba hijos, tierra, salud; pero el otro era un río oscuro, lleno de ramas, que acercaba a mí el rumor de sus juncos y su cantar entre dientes. Y yo corría con tu hijo que era como un niñito de agua, frío, y el otro me mandaba cientos de pájaros que me impedían el andar y que dejaban escarcha sobre mis heridas de pobre mujer marchita, de muchacha acariciada por el fuego."

Finalmente, si la tragedia de estos seres vuelve imposible para ellos el cumplimiento de los ciclos habituales de la vida, puede decirse que la naturaleza misma ha sido agredida.

FINAL CON PALABRAS DEL AUTOR

"El teatro es una escuela de llanto y de risa y una tribuna libre donde los hombres pueden poner en evidencia morales viejas o equívocas y explicar con ejemplos vivos normas eternas del corazón y del sentimiento del hombre."

Federico García Lorca junto a su hermana menor, Isabel.

LA EDICIÓN

Se ha seguido la de Losada (Buenos Aires, 1993, 28ª edición), cotejada con las *Obras Completas* del autor, Madrid, Aguilar, 1968.

BODAS DE SANGRE

TRAGEDIA EN TRES ACTOS Y SIETE CUADROS

actos: partes en que tradicionalmente se divide la acción teatral. Cada acto tiene cierta unidad en sí mismo y esa autonomía relativa suele expresarse, en la representación de la obra, por medio de intervalos.

cuadros: partes de un acto, subdivisión dada por el cambio del lugar donde suceden las acciones o por diferencias en el tiempo. La separación entre un cuadro y otro puede estar indicada, en la representación, por el cierre momentáneo del telón o por un breve apagón de luces, seguido de un cambio escenográfico.

PERSONAJES

LA MADRE

LA NOVIA

LA SUEGRA

LA MUJER DE LEONARDO

LA CRIADA

LA VECINA

MUCHACHAS

LEONARDO

EL NOVIO

EL PADRE DE LA NOVIA

LA LUNA

LA MUERTE *(como mendiga)*

LEÑADORES

MOZOS

Estrenada el 8 de marzo de 1933
en el Teatro Beatriz, de Madrid,
por la compañía de Josefina Díaz de Artigas.

ACTO PRIMERO

CUADRO PRIMERO

Habitación pintada de amarillo.

Novio *(entrando).* — Madre.

MADRE. — ¿Qué?

Novio. — Me voy.

MADRE. — ¿Adónde?

Novio. — A la viña[2]. *(Va a salir.)*

MADRE. — Espera.

Novio. — ¿Quiere algo?

MADRE. — Hijo, el almuerzo.

Novio. — Déjelo. Comeré uvas. Déme la navaja.

MADRE. — ¿Para qué?

Novio *(riendo).* — Para cortarlas.

MADRE *(entre dientes y buscándola).* — La navaja, la navaja... Malditas sean todas y el bribón[3] que las inventó.

Novio. — Vamos a otro asunto.

MADRE. — Y las escopetas y las pistolas y el cuchillo más pequeño, y hasta las azadas y los bieldos[4] de la era[5].

---

[2] *viña:* terreno con cultivos de vid.

[3] *bribón:* individuo haragán y astuto, inclinado a picardías.

[4] *las azadas y los bieldos:* instrumentos utilizados en tareas del campo.

[5] *era:* terreno en el que se realiza algún cultivo.

NOVIO. — Bueno.

MADRE. — Todo lo que puede cortar el cuerpo de un hombre. Un hombre hermoso, con su flor en la boca, que sale a las viñas o va a sus olivos propios, porque son de él, heredados...

NOVIO *(bajando la cabeza).* — Calle usted.

MADRE. — ...y ese hombre no vuelve. O si vuelve es para ponerle una palma[6] encima o un plato de sal gorda[7] para que no se hinche. No sé cómo te atreves a llevar una navaja en tu cuerpo, ni cómo yo dejo a la serpiente dentro del arcón[8].

NOVIO. — ¿Está bueno ya?

MADRE. — Cien años que yo viviera, no hablaría de otra cosa. Primero tu padre, que me olía a clavel y lo disfruté tres años escasos. Luego tu hermano. ¿Y es justo y puede ser que una cosa pequeña como una pistola o una navaja pueda acabar con un hombre, que es un toro? No callaría nunca. Pasan los meses y la desesperación me pica en los ojos y hasta en las puntas del pelo.

NOVIO *(fuerte).* — ¿Vamos a acabar?

MADRE. — No. No vamos a acabar. ¿Me puede alguien traer a tu padre? ¿Y a tu hermano? Y luego el presidio. ¿Qué es el presidio? ¡Allí comen, allí fuman, allí tocan los instrumentos! Mis muertos llenos de hierba, sin hablar, hechos polvo; dos hombres que eran dos geranios... Los matadores, en presidio[9], frescos, viendo los montes...

NOVIO. — ¿Es que quiere usted que los mate?

MADRE. — No... Si hablo es porque... ¿Cómo no voy a hablar viéndote salir por esa puerta? Es que no me gusta que lleves navaja. Es que... que no quisiera que salieras al campo.

[6] *palma:* hoja de palmera. Es ornamento frecuente en rituales fúnebres.

[7] *sal gorda:* sal gruesa. Detiene el proceso de descomposición de las carnes.

[8] *arcón:* cajón o cofre de madera sin forrar y con tapa plana. En los diccionarios y refraneros consultados (que figuran en la bibliografía) no aparece la expresión *dejar a la serpiente dentro del arcón.* Del texto se deduce que la madre se refiere de un modo pintoresco a un peligro latente contra el que no toma medidas.

[9] *presidio:* cárcel en que se cumplen condenas por delitos graves.

Novio *(riendo)*. — ¡Vamos!

Madre. — Que me gustaría que fueras una mujer. No te irías al arroyo ahora y bordaríamos las dos cenefas[10] y perritos de lana.

Novio *(coge de un brazo a la Madre y ríe)*. — Madre, ¿y si yo la llevara conmigo a las viñas?

Madre. — ¿Qué hace en las viñas una vieja? ¿Me ibas a meter debajo de los pámpanos?[11]

Novio *(levantándola en sus brazos)*. — Vieja, revieja, requetevieja.

Madre. — Tu padre sí que me llevaba. Eso es buena casta[12]. Sangre. Tu abuelo dejó un hijo en cada esquina. Eso me gusta. Los hombres, hombres; el trigo, trigo.

Novio. — ¿Y yo, madre?

Madre. — ¿Tú, qué?

Novio. — ¿Necesito decírselo otra vez?

Madre *(seria)*. — ¡Ah!

Novio. — ¿Es que le parece mal?

Madre. — No.

Novio. — ¿Entonces?

Madre. — No lo sé yo misma. Así, de pronto, siempre me sorprende. Yo sé que la muchacha es buena. ¿Verdad que sí? Modosa. Trabajadora. Amasa su pan y cose sus faldas, y siento, sin embargo, cuando la nombro, como si me dieran una pedrada en la frente.

Novio. — Tonterías.

Madre. — Más que tonterías. Es que me quedo sola. Ya no me quedas más que tú y siento que te vayas.

Novio. — Pero usted vendrá con nosotros.

Madre. — No. Yo no puedo dejar aquí solos a tu padre y a tu hermano.

[10] *cenefas:* bordes o ribetes que se agregan como adorno en tapices, cortinas, pañuelos.

[11] *pámpanos:* ramaje verde de la vid, delgado y flexible, de donde brotan las hojas y los racimos.

[12] *casta:* linaje, grupo de pertenencia que abarca varias generaciones y se prolonga por herencia de sangre.

Tengo que ir todas las mañanas, y si me voy es fácil que muera uno de los Félix, uno de la familia de los matadores, y lo entierren al lado. ¡Y eso sí que no! ¡Ca![13] ¡Eso sí que no! Porque con las uñas los desentierro y yo sola los machaco contra la tapia.[14]

NOVIO *(fuerte).* — Vuelta otra vez.

MADRE. — Perdóname. *(Pausa.)* ¿Cuánto tiempo llevas en relaciones?

NOVIO. — Tres años. Ya pude comprar la viña.

MADRE. — Tres años. ¿Ella tuvo un novio, no?

NOVIO. — No sé. Creo que no. Las muchachas tienen que mirar con quién se casan.

MADRE. — Sí. Yo no miré a nadie. Miré a tu padre, y cuando lo mataron miré a la pared de enfrente. Una mujer con un hombre, y ya está.

NOVIO. — Usted sabe que mi novia es buena.

MADRE. — No lo dudo. De todos modos siento no saber cómo fue su madre.

NOVIO. — ¿Qué más da?

MADRE *(mirándolo).* — Hijo.

NOVIO. — ¿Qué quiere usted?

MADRE. — ¡Que es verdad! ¡Que tienes razón! ¿Cuándo quieres que la pida?

NOVIO *(alegre).* — ¿Le parece bien el domingo?

MADRE *(seria).* — Le llevaré los pendientes de azófar[15], que son antiguos, y tú le compras...

NOVIO. — Usted entiende más...

MADRE. — Le compras unas medias caladas, y para ti dos trajes.... ¡Tres! ¡No te tengo más que a ti!

NOVIO. — Me voy. Mañana iré a verla.

MADRE. — Sí, sí, y a ver si me alegras con seis nietos, o los que te dé la

---

[13] *¡ca!:* exclamación familiar que aquí expresa negación.

[14] *los machaco... tapia:* 'los pongo contra la pared hasta casi triturarlos'.

[15] *azófar:* aleación de cobre y cinc.

gana, ya que tu padre no tuvo lugar de hacérmelos a mí.

NOVIO. — El primero para usted.

MADRE. — Sí, pero que haya niñas. Que yo quiero bordar y hacer encaje y estar tranquila.

NOVIO. — Estoy seguro de que usted querrá a mi novia.

MADRE. — La querré. *(Se dirige a besarlo y reacciona.)* Anda, ya estás muy grande para besos. Se los das a tu mujer. *(Pausa. Aparte.)* Cuando lo sea.

NOVIO. — Me voy.

MADRE. — Que caves bien la parte del molinillo, que la tienes descuidada.

NOVIO. — ¡Lo dicho!

MADRE. — Anda con Dios. *(Vase el Novio. La Madre queda sentada de espaldas a la puerta. Aparece en la puerta una Vecina vestida de color oscuro, con pañuelo a la cabeza.)* Pasa.

VECINA. — ¿Cómo estás?

MADRE. — Ya ves.

VECINA. — Yo bajé a la tienda y vine a verte. ¡Vivimos tan lejos!

MADRE. — Hace veinte años que no he subido a lo alto de la calle.

VECINA. — Tú estás bien.

MADRE. — ¿Lo crees?

VECINA. — Las cosas pasan. Hace dos días trajeron al hijo de mi vecina con los dos brazos cortados por la máquina. *(Se sienta.)*

MADRE. — ¿A Rafael?

VECINA. — Sí. Y allí lo tienes. Muchas veces pienso que tu hijo y el mío están mejor donde están, dormidos, descansando, que no expuestos a quedarse inútiles.

MADRE. — Calla. Todo eso son invenciones, pero no consuelos.

VECINA. — ¡Ay!

MADRE. — ¡Ay! *(Pausa.)*

VECINA *(triste).* — ¿Y tu hijo?

MADRE. — Salió.

VECINA. — ¡Al fin compró la viña!

MADRE. — Tuvo suerte.

VECINA. — Ahora se casará.

MADRE *(como despertando y acercando su silla a la silla de la Vecina).*
— Oye.

VECINA *(en plan confidencial).* — Dime.

MADRE. — ¿Tú conoces a la novia de mi hijo?

VECINA. — ¡Buena muchacha!

MADRE. — Sí, pero...

VECINA. — Pero quien la conozca a fondo no hay nadie. Vive sola con
su padre allí, tan lejos, a diez leguas de la casa más cerca. Pero es
buena. Acostumbrada a la soledad.

MADRE. — ¿Y su madre?

VECINA. — A su madre la conocí. Hermosa. Le relucía la cara como a
un santo; pero a mí no me gustó nunca. No quería a su marido.

MADRE *(fuerte).* — Pero ¡cuántas cosas sabéis las gentes!

VECINA. — Perdona. No quise ofender; pero es verdad. Ahora, si fue decente
o no, nadie lo dijo. De esto no se ha hablado. Ella era orgullosa.

MADRE. — ¡Siempre igual!

VECINA. — Tú me preguntaste.

MADRE. — Es que quisiera que ni a la viva ni a la muerta las conociera
nadie. Que fueran como dos cardos, que ninguna persona les
nombra y pinchan si llega el momento.

VECINA. — Tienes razón. Tu hijo vale mucho.

MADRE. — Vale. Por eso lo cuido. A mí me habían dicho que la
muchacha tuvo novio hace tiempo.

VECINA. — Tendría ella quince años. Él se casó ya hace dos años, con
una prima de ella, por cierto. Nadie se acuerda del noviazgo.

MADRE. — ¿Cómo te acuerdas tú?

VECINA. — ¡Me haces unas preguntas!

MADRE. — A cada uno le gusta enterarse de lo que le duele. ¿Quién fue el novio?

VECINA. — Leonardo.

MADRE. — ¿Qué Leonardo?

VECINA. — Leonardo el de los Félix.

MADRE *(levantándose)*. — ¡De los Félix!

VECINA. — Mujer, ¿qué culpa tiene Leonardo de nada? Él tenía ocho años cuando las cuestiones.

MADRE. — Es verdad... Pero oigo eso de Félix y es lo mismo *(entre dientes)* Félix que llenárseme de cieno[16] la boca *(escupe)* y tengo que escupir, tengo que escupir por no matar.

VECINA. — Repórtate; ¿qué sacas con eso?

MADRE. — Nada. Pero tú lo comprendes.

VECINA. — No te opongas a la felicidad de tu hijo. No le digas nada. Tú estás vieja. Yo también. A ti y a mí nos toca callar.

MADRE. — No le diré nada.

VECINA *(besándola)*. — Nada.

MADRE *(serena)*. — ¡Las cosas!...

VECINA. — Me voy, que pronto llegará mi gente del campo.

MADRE. — ¿Has visto qué día de calor?

VECINA. — Iban negros los chiquillos que llevan el agua a los segadores. Adiós, mujer.

MADRE. — Adiós.

(La Madre se dirige a la puerta de la izquierda. En medio del camino se detiene y lentamente se santigua[17].)

TELÓN

[16] *cieno:* barro blanco que se deposita en el fondo de ríos y lagunas, o en sitios bajos y húmedos.

[17] *se santigua:* en el ritual cristiano, *santiguar* es hacer con la mano la señal de la cruz desde la frente al pecho y desde el hombro izquierdo al derecho. Popularmente, suele emplearse como conjuro para ahuyentar algún mal que amenaza repentinamente.

CUADRO SEGUNDO

Habitación pintada de rosa con cobres[18] y ramos de flores populares. En el centro, una mesa con mantel. Es la mañana.

(Suegra de Leonardo con un niño en brazos. Lo mece. La Mujer, en la otra esquina, hace punto de media[19].)

SUEGRA. — Nana[20], niño, nana
　　　　del caballo grande
　　　　que no quiso el agua.
　　　　El agua era negra
　　　　dentro de las ramas.
　　　　Cuando llega al puente
　　　　se detiene y canta.
　　　　¿Quién dirá, mi niño,
　　　　lo que tiene el agua,
　　　　con su larga cola
　　　　por su verde sala?

MUJER *(bajo).* — Duérmete, clavel,
　　　　　　que el caballo no quiere beber.

SUEGRA. — Duérmete, rosal,
　　　　que el caballo se pone a llorar.
　　　　Las patas heridas,
　　　　las crines heladas,
　　　　dentro de los ojos
　　　　un puñal de plata.

---

[18] *cobres:* cacharros y utensilios hechos de cobre.
[19] *hace punto de media:* 'teje'.
[20] *nana:* canto con el que se arrulla a los niños para que duerman. Como en otros pasajes en verso de la obra, en esta nana el lenguaje está lleno de sentidos metafóricos. Es necesaria una lectura imaginativa del texto.

Bajaban al río.
¡Ay, cómo bajaban!
La sangre corría
más fuerte que el agua.

MUJER. — Duérmete, clavel,
que el caballo no quiere beber.

SUEGRA. — Duérmete, rosal,
que el caballo se pone a llorar.

MUJER. — No quiso tocar
la orilla mojada
su belfo[21] caliente
con moscas de plata.
A los montes duros
solo relinchaba
con el río muerto
sobre la garganta.
¡Ay caballo grande
que no quiso el agua!
¡Ay dolor de nieve,
caballo del alba!

SUEGRA. — ¡No vengas! Deténte,
cierra la ventana
con ramas de sueños
y sueño de ramas.

MUJER. — Mi niño se duerme.

SUEGRA. — Mi niño se calla.

MUJER. — Caballo, mi niño
tiene una almohada.

SUEGRA. — Su cuna de acero.

MUJER. — Su colcha de holanda.[22]

---

[21] *belfo:* cualquiera de los dos labios del caballo y otros animales.
[22] *holanda:* tela muy fina con la que se hacían sábanas, camisas y otras prendas delicadas.

SUEGRA. — Nana, mi niño, nana.

MUJER. — ¡Ay caballo grande
que no quiso el agua!

SUEGRA. — ¡No vengas, no entres!
Vete a la montaña.
Por los valles grises
donde está la jaca.[23]

MUJER (*mirando*). — Mi niño se duerme.

SUEGRA. — Mi niño descansa.

MUJER (*bajito*). — Duérmete, clavel,
que el caballo no quiere beber.

SUEGRA (*levantándose y muy bajito*). — Duérmete, rosal,
que el caballo se pone a llorar.

(*Entran al niño. Entra Leonardo.*)

LEONARDO. — ¿Y el niño?

MUJER. — Se durmió.

LEONARDO. — Ayer no estuvo bien. Lloró por la noche.

MUJER (*alegre*). — Hoy está como una dalia. ¿Y tú? ¿Fuiste a casa del herrador?

LEONARDO. — De allí vengo. ¿Querrás creer? Llevo más de dos meses poniendo herraduras nuevas al caballo y siempre se le caen. Por lo visto se las arranca con las piedras.

MUJER. — ¿Y no será que lo usas mucho?

LEONARDO. — No. Casi no lo utilizo.

MUJER. — Ayer me dijeron las vecinas que te habían visto al límite de los llanos.

LEONARDO. — ¿Quién lo dijo?

MUJER. — Las mujeres que cogen las alcaparras[24]. Por cierto que me sorprendió. ¿Eras tú?

---

[23] *jaca:* caballo de poca altura.

[24] *alcaparras:* plantas de las que se aprovecha el fruto (que se come tras conservarlo en vinagre) y el centro o botón de la flor (que se usa como condimento).

LEONARDO. — No. ¿Qué iba a hacer yo allí, en aquel secano[25]?

MUJER. — Eso dije. Pero el caballo estaba reventando de sudar.

LEONARDO. — ¿Lo viste tú?

MUJER. — No. Mi madre.

LEONARDO. — ¿Está con el niño?

MUJER. — Sí. ¿Quieres un refresco de limón?

LEONARDO. — Con el agua bien fría.

MUJER. — ¿Cómo no viniste a comer...?

LEONARDO. — Estuve con los medidores del trigo. Siempre entretienen.

MUJER *(haciendo el refresco y muy tierna)*. — ¿Y lo pagan a buen precio?

LEONARDO. — El justo.

MUJER. — Me hace falta un vestido y al niño una gorra con lazos.

LEONARDO *(levantándose)*. — Voy a verlo.

MUJER. — Ten cuidado, que está dormido.

SUEGRA *(saliendo)*. — Pero ¿quién da esas carreras al caballo? Está abajo tendido, con los ojos desorbitados como si llegara del fin del mundo.

LEONARDO *(agrio)*. — Yo.

SUEGRA. — Perdona; tuyo es.

MUJER *(tímida)*. — Estuvo con los medidores del trigo.

SUEGRA. — Por mí, que reviente. *(Se sienta. Pausa.)*

MUJER. — ¿Sabes que piden a mi prima?

LEONARDO. — ¿Cuándo?

MUJER. — Mañana. La boda será dentro de un mes. Espero que vendrán a invitarnos.

LEONARDO *(serio)*. — No sé.

SUEGRA. — La madre de él creo que no estaba muy satisfecha con el casamiento.

[25] *secano:* tierra de labranza árida por falta de agua.

LEONARDO. — Y quizá tenga razón. Ella es de cuidado.

MUJER. — No me gusta que penséis mal de una buena muchacha.

SUEGRA. — Pero cuando dice eso es porque la conoce. ¿No ves que fue tres años novia suya? *(Con intención.)*

LEONARDO. — Pero la dejé. *(A su Mujer.)* ¿Vas a llorar ahora?

MUJER. — ¡Quita! *(Le aparta bruscamente las manos de la cara.)* Vamos a ver al niño.

(Entran abrazados. Aparece la Muchacha, alegre. Entra corriendo.)

MUCHACHA. — Señora.

SUEGRA. — ¿Qué le pasa?

MUCHACHA. — Llegó el novio a la tienda y ha comprado todo lo mejor que había.

SUEGRA. — ¿Vino solo?

MUCHACHA. — No, con su madre. Seria, alta. *(La imita.)* Pero ¡qué lujo!

SUEGRA. — Ellos tienen dinero.

MUCHACHA. — ¡Y compraron unas medias caladas!... ¡Ay, qué medias! ¡El sueño de las mujeres en medias! Mire usted: una golondrina aquí *(señala el tobillo)*, un barco aquí *(señala la pantorrilla)*, y aquí una rosa *(señala el muslo)*.

SUEGRA. — ¡Niña!

MUCHACHA. — ¡Una rosa con las semillas y el tallo! ¡Ay! ¡Todo en seda!

SUEGRA. — Se van a juntar dos buenos capitales.

(Aparecen Leonardo y su Mujer.)

MUCHACHA. — Vengo a deciros lo que están comprando.

LEONARDO *(fuerte)*. — No nos importa.

MUJER. — Déjala.

SUEGRA. — Leonardo, no es para tanto.

MUCHACHA. — Usted dispense. *(Se va llorando.)*

SUEGRA. — ¿Qué necesidad tienes de ponerte a mal con las gentes?

LEONARDO. — No le he preguntado su opinión. *(Se sienta.)*

SUEGRA. — Está bien. *(Pausa.)*

MUJER *(a Leonardo)*. — ¿Qué te pasa? ¿Qué idea te bulle por dentro de la cabeza? No me dejes así, sin saber nada...

LEONARDO. — Quita.

MUJER. — No. Quiero que me mires y me lo digas.

LEONARDO. — Déjame. *(Se levanta.)*

MUJER. — ¿Adónde vas, hijo?

LEONARDO *(agrio)*. — ¿Te puedes callar?

SUEGRA *(enérgica, a su hija)*. — ¡Cállate! *(Sale Leonardo.)* ¡El niño!

(Entra y vuelve a salir con él en brazos. La Mujer ha permanecido de pie, inmóvil.)

> Las patas heridas,
> las crines heladas,
> dentro de los ojos
> un puñal de plata.
> Bajaban al río.
> ¡Ay, cómo bajaban!
> La sangre corría
> más fuerte que el agua.

MUJER *(volviéndose lentamente y como soñando)*.
> — Duérmete, clavel,
> que el caballo no quiere beber.

SUEGRA. — Duérmete, rosal,
> que el caballo se pone a llorar.

MUJER. — Nana, niño, nana.

SUEGRA. — ¡Ay caballo grande
> que no quiso el agua!

MUJER *(dramática)*. — ¡No vengas, no entres!
> ¡Vete a la montaña!
> ¡Ay dolor de nieve,
> caballo del alba!

SUEGRA *(llorando).* — Mi niño se duerme...

MUJER *(llorando y acercándose lentamente).*
　　　　— Mi niño descansa...

SUEGRA. — Duérmete, clavel,
　　　　que el caballo no quiere beber.

MUJER *(llorando y apoyándose sobre la mesa).*
　　　　— Duérmete, rosal,
　　　　que el caballo se pone a llorar.

TELÓN

CUADRO TERCERO

Interior de la cueva [26] *donde vive la Novia. Al fondo, una cruz de grandes flores rosa. Las puertas redondas con cortinas de encaje y lazos rosa. Por las paredes de material blanco y duro, abanicos redondos, jarros azules y pequeños espejos.*

CRIADA. — Pasen... *(Muy afable, llena de hipocresía humilde. Entran el Novio y su Madre. La Madre viste de raso negro y lleva mantilla de encaje. El Novio, de pana* [27] *negra con gran cadena de oro.)* ¿Se quieren sentar? Ahora vienen. *(Sale.)*

(Quedan madre e hijo sentados, inmóviles como estatuas. Pausa larga.)

MADRE. — ¿Traes el reloj?

NOVIO. — Sí. *(Lo saca y lo mira.)*

MADRE. — Tenemos que volver a tiempo. ¡Qué lejos vive esta gente!

NOVIO. — Pero estas tierras son buenas.

MADRE. — Buenas; pero demasiado solas. Cuatro horas de camino y ni una casa ni un árbol.

NOVIO. — Éstos son los secanos.

MADRE. — Tu padre los hubiera cubierto de árboles.

NOVIO. — ¿Sin agua?

---

[26] *cueva:* Lorca llama *cueva* a la vivienda de la Novia en el comienzo de este cuadro y en el del cuadro 2ª del acto II; en cambio la llama *casa* en el comienzo del cuadro 1ª, acto II. Se trata de una vivienda rural pero tiene comodidades y decoración cuidada. El término *cueva* es de uso general en Granada para referirse a las viviendas de los gitanos, en el vecino Sacromonte; de allí, quizá, la equivalencia que el autor establece con *casa.*

[27] *pana:* tela gruesa semejante al terciopelo.

MADRE. — Ya la hubiera buscado. Los tres años que estuvo casado conmigo, plantó diez cerezos. *(Haciendo memoria.)* Los tres nogales del molino, toda una viña y una planta que se llama Júpiter, que da flores encarnadas[28], y se secó. *(Pausa.)*

NOVIO *(por la Novia).* — Debe estar vistiéndose.

(Entra el Padre de la novia. Es anciano, con el cabello blanco reluciente. Lleva la cabeza inclinada. La Madre y el Novio se levantan y se dan las manos en silencio.)

PADRE. — ¿Mucho tiempo de viaje?

MADRE. — Cuatro horas. *(Se sientan.)*

PADRE. — Habéis venido por el camino más largo.

MADRE. — Yo estoy vieja para andar por las terreras[29] del río.

NOVIO. — Se marea. *(Pausa.)*

PADRE. — Buena cosecha de esparto.[30]

NOVIO. — Buena de verdad.

PADRE. — En mi tiempo, ni esparto daba esta tierra. Ha sido necesario castigarla y hasta llorarla, para que nos dé algo provechoso.

MADRE. — Pero ahora da. No te quejes. Yo no vengo a pedirte nada.

PADRE *(sonriendo).* — Tú eres más rica que yo. Las viñas valen un capital. Cada pámpano una moneda de plata. Lo que siento es que las tierras... ¿entiendes?... estén separadas. A mí me gusta todo junto. Una espina tengo en el corazón, y es la huertecilla esa metida entre mis tierras, que no me quieren vender por todo el oro del mundo.

NOVIO. — Eso pasa siempre.

PADRE. — Si pudiéramos con veinte pares de bueyes traer tus viñas aquí y ponerlas en la ladera. ¡Qué alegría!...

---

[28] *encarnadas:* del color de la carne, coloradas.

[29] *terreras:* tramos de terreno elevados, de tránsito difícil, con pendientes laterales peligrosas.

[30] *esparto:* planta de hojas alargadas, enrolladas sobre sí, duras y fuertes, que se emplean industrialmente para hacer sogas, felpudos, sombreros.

74

MADRE. — ¿Para qué?

PADRE. — Lo mío es de ella y lo tuyo de él. Por eso. Para verlo todo junto, ¡que junto es una hermosura!

NOVIO. — Y sería menos trabajo.

MADRE. — Cuando yo me muera, vendéis aquello y compráis aquí al lado.

PADRE. — Vender, ¡vender!; ¡Bah!; comprar, hija, comprarlo todo. Si yo hubiera tenido hijos hubiera comprado todo este monte hasta la parte del arroyo. Porque no es buena tierra; pero con brazos se la hace buena, y como no pasa gente no te roban los frutos y puedes dormir tranquilo. *(Pausa.)*

MADRE. — Tú sabes a lo que vengo.

PADRE. — Sí.

MADRE. — ¿Y qué?

PADRE. — Me parece bien. Ellos lo han hablado.

MADRE. — Mi hijo tiene y puede.

PADRE. — Mi hija también.

MADRE. — Mi hijo es hermoso. No ha conocido mujer[31]. La honra más limpia que una sábana puesta al sol.

PADRE. — Qué te digo de la mía. Hace las migas[32] a las tres, cuando el lucero. No habla nunca; suave como la lana, borda toda clase de bordados y puede cortar una maroma[33] con los dientes.

MADRE. — Dios bendiga su casa.

PADRE. — Que Dios la bendiga.

(Aparece la Criada con dos bandejas. Una con copas y la otra con dulces.)

[31] *no ha conocido mujer:* 'no ha tenido relaciones sexuales'. El verbo *conocer* tiene esta acepción ya desde la Biblia.

[32] *migas:* comida rústica que consiste en pan picado, humedecido con agua y sal y rehogado en aceite, con algo de ajo y pimentón. *Hace las migas... cuando el lucero:* aquí el Padre se refiere al carácter hacendoso de la Novia, que empieza sus tareas domésticas muy temprano.

[33] *maroma:* cuerda gruesa. *Corta una maroma... dientes:* otro elogio, referido a la salud y fortaleza de la Novia.

MADRE *(al hijo).* — ¿Cuándo queréis la boda?

NOVIO. — El jueves próximo.

PADRE. — Día en que ella cumple veintidós años justos.

MADRE. — ¡Veintidós años! Esa edad tendría mi hijo mayor si viviera. Que viviría caliente y macho como era, si los hombres no hubieran inventado las navajas.

PADRE. — En eso no hay que pensar.

MADRE. — Cada minuto. Métete la mano en el pecho.

PADRE. — Entonces el jueves. ¿No es así?

NOVIO. — Así es.

PADRE. — Los novios y nosotros iremos en coche hasta la iglesia, que está muy lejos, y el acompañamiento en los carros y en las caballerías que traigan.

MADRE. — Conformes.

(Pasa la Criada.)

PADRE. — Dile que ya puede entrar. *(A la Madre.)* Celebraré mucho que te guste.

(Aparece la Novia. Trae las manos caídas en actitud modesta y la cabeza baja.)

MADRE. — Acércate. ¿Estás contenta?

NOVIA. — Sí, señora.

PADRE. — No debes estar seria. Al fin y al cabo ella va a ser tu madre.

NOVIA. — Estoy contenta. Cuando he dado el sí es porque quiero darlo.

MADRE. — Naturalmente. *(Le coge la barbilla.)* Mírame.

PADRE. — Se parece en todo a mi mujer.

MADRE. — ¿Sí? ¡Qué hermoso mirar! ¿Tú sabes lo que es casarse, criatura?

NOVIA *(seria).* — Lo sé.

MADRE. — Un hombre, unos hijos y una pared de dos varas de ancho para todo lo demás.

Novio. — ¿Es que hace falta otra cosa?

Madre. — No. Que vivan todos, ¡eso! ¡Que vivan!

Novia. — Yo sabré cumplir.

Madre. — Aquí tienes unos regalos.

Novia. — Gracias.

Padre. — ¿No tomamos algo?

Madre. — Yo no quiero. *(Al Novio.)* ¿Y tú?

Novio. — Tomaré. *(Toma un dulce. La Novia toma otro.)*

Padre *(al Novio).* — ¿Vino?

Madre. — No lo prueba.

Padre. — ¡Mejor! *(Pausa. Todos están en pie.)*

Novio *(a la Novia).* — Mañana vendré.

Novia. — ¿A qué hora?

Novio. — A las cinco.

Novia. — Yo te espero.

Novio. — Cuando me voy de tu lado siento un despego grande y así como un nudo en la garganta.

Novia. — Cuando seas mi marido ya no lo tendrás.

Novio. — Eso digo yo.

Madre. — Vamos. El sol no espera. *(Al Padre.)* ¿Conformes en todo?

Padre. — Conformes.

Madre *(a la Criada).* — Adiós, mujer.

Criada. — Vayan ustedes con Dios.

(La Madre besa a la Novia y van saliendo en silencio.)

Madre *(en la puerta).* — Adiós, hija. *(La Novia contesta con la mano.)*

Padre. — Yo salgo con vosotros. *(Salen.)*

Criada. — Que reviento por ver los regalos.

Novia *(agria).* — Quita.

Criada. — ¡Ay, niña, enséñamelos!

NOVIA. — No quiero.

CRIADA. — Siquiera las medias. Dicen que son todas caladas. ¡Mujer!

NOVIA. — ¡Ea, que no!

CRIADA. — ¡Por Dios! Está bien. Parece como si no tuvieras ganas de casarte.

NOVIA *(mordiéndose la mano con rabia)*. — ¡Ay!

CRIADA. — Niña, hija, ¿qué te pasa? ¿Sientes dejar tu vida de reina? No pienses en cosas agrias. ¿Tienes motivos? Ninguno. Vamos a ver los regalos. *(Coge la caja.)*

NOVIA *(cogiéndola de las muñecas)*. — Suelta.

CRIADA. — ¡Ay, mujer!

NOVIA. — Suelta, he dicho.

CRIADA. — Tienes más fuerza que un hombre.

NOVIA. — ¿No he hecho yo trabajos de hombre? ¡Ojalá fuera!

CRIADA. — ¡No hables así!

NOVIA. — Calla he dicho. Hablemos de otro asunto.

(La luz va desapareciendo de la escena. Pausa larga.)

CRIADA. — ¿Sentiste anoche un caballo?

NOVIA. — ¿A qué hora?

CRIADA. — A las tres.

NOVIA. — Sería un caballo suelto de la manada.

CRIADA. — No. Llevaba jinete.

NOVIA. — ¿Por qué lo sabes?

CRIADA. — Porque lo vi. Estuvo parado en tu ventana. Me chocó mucho.

NOVIA. — ¿No sería mi novio? Algunas veces ha pasado a esas horas.

CRIADA. — No.

NOVIA. — ¿Tú le viste?

CRIADA. — Sí.

NOVIA. — ¿Quién era?

CRIADA. — Era Leonardo.

NOVIA *(fuerte)*. — ¡Mentira! ¡Mentira! ¿A qué viene aquí?

CRIADA. — Vino.

NOVIA. — ¡Cállate! ¡Maldita sea tu lengua!

(Se siente el ruido de un caballo.)

CRIADA *(en la ventana)*. — Mira, asómate. ¿Era?

NOVIA. — ¡Era!

TELÓN RÁPIDO

Federico García Lorca junto a Lola Membrives ante el cartel que anuncia las cien representaciones de Bodas de sangre *en Buenos Aires.*

ACTO SEGUNDO

CUADRO PRIMERO

Zaguán de casa de la Novia. Portón al fondo. Es de noche. La Novia sale con enaguas blancas encañonadas[34], llenas de encajes y puntas bordadas y con un corpiño[35] blanco, con los brazos al aire. La Criada, lo mismo.

CRIADA. — Aquí te acabaré de peinar.

NOVIA. — No se puede estar ahí dentro, del calor.

CRIADA. — En estas tierras no refresca, ni al amanecer.

(Se sienta la Novia en una silla baja y se mira en un espejito de mano. La Criada la peina.)

NOVIA. — Mi madre era de un sitio donde había muchos árboles. De tierra rica.

CRIADA. — ¡Así era ella de alegre!

NOVIA. — Pero se consumió aquí.

CRIADA. — El sino[36].

NOVIA. — Como nos consumimos todas. Echan fuego las paredes. ¡Ay! No tires demasiado.

CRIADA. — Es para arreglarte mejor esta onda. Quiero que te caiga sobre la frente. *(La Novia se mira en el espejo.)* ¡Qué hermosa estás! ¡Ay!

[34] *encañonadas:* planchadas de modo que se formen pliegues casi cilíndricos.

[35] *corpiño:* prenda que cubre desde los hombros hasta la cintura, escotada, muy ajustada y con un esbozo de mangas. Junto con las enaguas, se usaba debajo del vestido femenino de la época.

[36] *sino:* destino, encadenamiento inevitable de los sucesos.

81

(La besa apasionadamente.)

NOVIA *(seria)*. — Sigue peinándome.

CRIADA *(peinándola)*. — ¡Dichosa tú que vas a abrazar a un hombre, que lo vas a besar, que vas a sentir su peso!

NOVIA. — Calla.

CRIADA. — Y lo mejor es cuando te despiertes y lo sientas al lado y que él te roza los hombros con su aliento, como con una plumilla de ruiseñor.

NOVIA *(fuerte)*. — ¿Te quieres callar?

CRIADA. — ¡Pero niña! ¿Una boda, qué es? Una boda es esto y nada más. ¿Son los dulces? ¿Son los ramos de flores? No. Es una cama relumbrante y un hombre y una mujer.

NOVIA. — No se debe decir.

CRIADA. — Eso es otra cosa. ¡Pero es bien alegre!

NOVIA. — O bien amargo.

CRIADA. — El azahar te lo voy a poner desde aquí hasta aquí, de modo que la corona luzca sobre el peinado. *(Le prueba el ramo de azahar.)*

NOVIA *(se mira en el espejo)*. — Trae. *(Coge el azahar, lo mira y deja caer la cabeza, abatida.)*

CRIADA. — ¿Qué es esto?

NOVIA. — Déjame.

CRIADA. — No son horas de ponerte triste. *(Animosamente.)* Trae el azahar. *(La Novia tira el azahar.)* ¡Niña! ¿Qué castigo pides tirando al suelo la corona? ¡Levanta esa frente! ¿Es que no te quieres casar? Dilo. Todavía te puedes arrepentir. *(Se levanta.)*

NOVIA. — Son nublos[37]. Un mal aire en el centro, ¿quién no lo tiene?

CRIADA. — ¿Tú quieres a tu novio?

NOVIA. — Lo quiero.

CRIADA. — Sí, sí, estoy segura.

---

[37] *nublos:* nubes que amenazan tormenta. Aquí, 'inquietudes del ánimo'.

NOVIA. — Pero éste es un paso muy grande.

CRIADA. — Hay que darlo.

NOVIA. — Ya me he comprometido.

CRIADA. — Te voy a poner la corona.

NOVIA *(se sienta)*. — Date prisa, que ya deben ir llegando.

CRIADA. — Ya llevarán lo menos dos horas de camino.

NOVIA. — ¿Cuánto hay de aquí a la iglesia?

CRIADA. — Cinco leguas por el arroyo, que por el camino hay el doble.

(La Novia se levanta y la Criada se entusiasma al verla.)

        — Despierte la novia
        la mañana de la boda.
        ¡Que los ríos del mundo
        lleven tu corona!

NOVIA *(sonriente)*. — Vamos.

CRIADA *(la besa entusiasmada y baila alrededor)*.

        — Que despierte
        con el ramo verde
        del laurel florido.
        ¡Que despierte
        por el tronco y la rama
        de los laureles!

(Se oyen unos aldabonazos[38].)

NOVIA. — ¡Abre! Deben ser los primeros convidados.

(Entra. La Criada abre sorprendida.)

CRIADA. — ¿Tú?

LEONARDO. — Yo. Buenos días.

CRIADA. — ¡El primero!

LEONARDO. — ¿No me han convidado?

CRIADA. — Sí.

[38] *aldabonazos:* golpes dados con la *aldaba*, pieza móvil de hierro o bronce colocada en las puertas exteriores y que sirve para llamar.

83

LEONARDO. — Por eso vengo.

CRIADA. — ¿Y tu mujer?

LEONARDO. — Yo vine a caballo. Ella se acerca por el camino.

CRIADA. — ¿No te has encontrado a nadie?

LEONARDO. — Los pasé con el caballo.

CRIADA. — Vas a matar al animal con tanta carrera.

LEONARDO. — ¡Cuando se muera, muerto está! *(Pausa.)*

CRIADA. — Siéntate. Todavía no se ha levantado nadie.

LEONARDO. — ¿Y la novia?

CRIADA. — Ahora mismo la voy a vestir.

LEONARDO. — ¡La novia! ¡Estará contenta!

CRIADA *(variando la conversación).* — ¿Y el niño?

LEONARDO. — ¿Cuál?

CRIADA. — Tu hijo.

LEONARDO *(recordando como soñoliento).* — ¡Ah!

CRIADA. — ¿Lo traen?

LEONARDO. — No. *(Pausa. Voces cantando muy lejos.)*

VOCES. — ¡Despierte la novia
la mañana de la boda!

LEONARDO. — Despierte la novia
la mañana de la boda.

CRIADA. — Es la gente. Vienen lejos todavía.

LEONARDO *(levantándose).* — ¿La novia llevará una corona grande, no?
No debía ser tan grande. Un poco más pequeña le sentaría mejor.
¿Y trajo ya el novio el azahar que se tiene que poner en el pecho?

NOVIA *(apareciendo todavía en enaguas y con la corona de azahar
puesta).* — Lo trajo.

CRIADA *(fuerte).* — No salgas así.

NOVIA. — ¿Qué más da? *(Seria.)* ¿Por qué preguntas si trajeron el
azahar? ¿Llevas intención?

LEONARDO. —Ninguna. ¿Qué intención iba a tener? *(Acercándose.)* Tú, que me conoces, sabes que no la llevo. Dímelo. ¿Quién he sido yo para ti? Abre y refresca tu recuerdo. Pero dos bueyes y una mala choza son casi nada. Ésa es la espina.

NOVIA. — ¿A qué vienes?

LEONARDO. — A ver tu casamiento.

NOVIA. — ¡También yo vi el tuyo!

LEONARDO. — Amarrado por ti, hecho con tus dos manos. A mí me pueden matar, pero no me pueden escupir. Y la plata, que brilla tanto, escupe algunas veces.

NOVIA. — ¡Mentira!

LEONARDO. — No quiero hablar, porque soy hombre de sangre y no quiero que todos estos cerros oigan mis voces.

NOVIA. — Las mías serían más fuertes.

CRIADA. — Estas palabras no pueden seguir. Tú no tienes que hablar de lo pasado. *(La Criada mira a las puertas presa de inquietud.)*

NOVIA. — Tiene razón. Yo no debo hablarte siquiera. Pero se me calienta el alma de que vengas a verme y atisbar[39] mi boda y preguntes con intención por el azahar. Vete y espera a tu mujer en la puerta.

LEONARDO. — ¿Es que tú y yo no podemos hablar?

CRIADA *(con rabia).* — No; no podéis hablar.

LEONARDO. — Después de mi casamiento he pensado noche y día de quién era la culpa, y cada vez que pienso sale una culpa nueva que se come a la otra; ¡pero siempre hay culpa!

NOVIA. — Un hombre con su caballo sabe mucho y puede mucho para poder estrujar a una muchacha metida en un desierto. Pero yo tengo orgullo. Por eso me caso. Y me encerraré con mi marido, a quien tengo que querer por encima de todo.

LEONARDO. — El orgullo no te servirá de nada. *(Se acerca.)*

NOVIA. — ¡No te acerques!

[39] *atisbar:* observar, mirar con reserva.

LEONARDO. — Callar y quemarse es el castigo más grande que nos podemos echar encima. ¿De qué me sirvió a mí el orgullo y el no mirarte y dejarte despierta noches y noches? ¡De nada! ¡Sirvió para echarme fuego encima! Porque tú crees que el tiempo cura y que las paredes tapan, y no es verdad, no es verdad. ¡Cuando las cosas llegan a los centros no hay quien las arranque!

NOVIA *(temblando).* — No puedo oírte. No puedo oír tu voz. Es como si me bebiera una botella de anís y me durmiera en una colcha de rosas. Y me arrastra y sé que me ahogo, pero voy detrás.

CRIADA *(cogiendo a Leonardo por las solapas).* — ¡Debes irte ahora mismo!

LEONARDO. — Es la última vez que voy a hablar con ella. No temas nada.

NOVIA. — Y sé que estoy loca y sé que tengo el pecho podrido de aguantar, y aquí estoy quieta por oírlo, por verlo menear los brazos.

LEONARDO. — No me quedo tranquilo si no te digo estas cosas. Yo me casé. Cásate tú ahora.

CRIADA *(a Leonardo).* — ¡Y se casa!

VOCES *(cantando más cerca).*

    — Despierte la novia
    la mañana de la boda.

NOVIA. — ¡Despierte la novia!

(Sale corriendo a su cuarto.)

CRIADA. — Ya está aquí la gente. *(A Leonardo.)* No te vuelvas a acercar a ella.

LEONARDO. — Descuida. *(Sale por la izquierda. Empieza a clarear el día.)*

MUCHACHA 1ª *(entrando).*

    — Despierte la novia
    la mañana de la boda;
    ruede la ronda
    y en cada balcón una corona.

VOCES. — ¡Despierte la novia!

CRIADA *(moviendo algazara[40])*.
　　　　　—Que despierte
　　　　　con el ramo verde
　　　　　del amor florido.
　　　　　¡Que despierte
　　　　　por el tronco y la rama
　　　　　de los laureles!

MUCHACHA 2ª *(entrando)*.
　　　　　— Que despierte
　　　　　con el largo pelo,
　　　　　camisa de nieve,
　　　　　botas de charol y plata
　　　　　y jazmines en la frente.

CRIADA. — ¡Ay, pastora,
　　　　　que la luna asoma!

MUCHACHA 1ª. — ¡Ay, galán,
　　　　　　　　deja tu sombrero por el olivar!

MOZO 1º *(entrando con el sombrero en alto)*.
　　　　　— Despierte la novia,
　　　　　que por los campos viene
　　　　　rodando la boda,
　　　　　con bandejas de dalias
　　　　　y panes de gloria.

VOCES. — ¡Despierte la novia!

MUCHACHA 2ª. — La novia
　　　　　　　　se ha puesto su blanca corona,
　　　　　　　　y el novio,
　　　　　　　　se la prende con lazos de oro.

CRIADA. — Por el toronjil
　　　　　la novia no puede dormir.

MUCHACHA 3ª *(entrando)*.

---

[40] *algazara:* ruido, gritería. *Moviendo algazara:* dando voces que invitan a sumarse al alegre griterío.
[41] *toronjil... naranjel:* más allá de la referencia indirecta a las frutas *toronja* y *naranja*,

— Por el naranjel[41]
el novio le ofrece
cuchara y mantel.

(Entran tres Convidados.)

Mozo 1º. — ¡Despierta, paloma!
El alba despeja
campanas de sombra.

Convidado. — La novia, la blanca novia,
hoy doncella, mañana señora.

Muchacha 1ª. — Baja, morena,
arrastrando tu cola de seda.

Convidado. — Baja, morenita,
que llueve rocío la mañana fría.

Mozo 1º. — Despertad, señora, despertad,
porque viene el aire lloviendo azahar.

Criada. — Un árbol quiero bordarle
lleno de cintas granates[42]
y en cada cinta un amor
con vivas alrededor.

Voces. — Despierte la novia.

Mozo 1º. — ¡La mañana de la boda!

Convidado. — La mañana de la boda
qué galana[43] vas a estar;
pareces, flor de los montes,
la mujer de un capitán.

Padre *(entrando)*. — La mujer de un capitán
se lleva el novio.

---

aquí lo que importa es el valor sonoro y rítmico que esas palabras aportan al cántico de bodas.
[42] *granates:* de color rojo oscuro.
[43] *galana:* bien vestida y adornada.

> ¡Ya viene con sus bueyes
> por el tesoro!

MUCHACHA 3ª. — El novio.
> parece la flor del oro;
> cuando camina,
> a sus plantas se agrupan las clavelinas.

CRIADA. — ¡Ay mi niña dichosa!

MOZO 2º. — Que despierte la novia.

CRIADA. — ¡Ay mi galana!

MUCHACHA 1ª. — La boda está llamando
> por las ventanas.

MUCHACHA 2ª. — Que salga la novia.

MUCHACHA 1ª. — ¡Que salga, que salga!

CRIADA. — ¡Que toquen y repiquen
> las campanas!

MOZO 1º. — ¡Que viene aquí! ¡Que sale ya!

CRIADA. — ¡Como un toro, la boda
> levantándose está!

(Aparece la Novia. Lleva un traje negro mil novecientos, con caderas y larga cola rodeada de gasas plisadas y encajes duros. Sobre el peinado de visera[44] lleva la corona de azahar. Suenan las guitarras. Las Muchachas besan a la Novia.)

MUCHACHA 3ª. — ¿Qué esencia te echaste en el pelo?

NOVIA *(riendo).* — Ninguna.

MUCHACHA 2ª *(mirando el traje).* — La tela es de lo que no hay.

MOZO 1º. — ¡Aquí está el novio!

NOVIO. — ¡Salud!

MUCHACHA 1ª *(poniéndole una flor en la oreja).*
> —El novio
> parece la flor de oro.

---

[44] *peinado de visera:* con un mechón de pelo que se alza en forma de jopo y cae sobre la frente.

MUCHACHA 2ª. — ¡Aires de sosiego[45]
le manan los ojos!

(El Novio se dirige al lado de la Novia.)

NOVIA. — ¿Por qué te pusiste esos zapatos?

NOVIO. — Son más alegres que los negros.

MUJER DE LEONARDO *(entrando y besando a la Novia).* — ¡Salud!
(Hablan todas con algazara.)

LEONARDO *(entrando como quien cumple un deber).*
— La mañana de casada
la corona te ponemos.

MUJER. — ¡Para que el campo se alegre
con el agua de tu pelo!

MADRE *(al Padre).* — ¿También están ésos aquí?

PADRE. — Son familia. ¡Hoy es día de perdones!

MADRE. — Me aguanto, pero no perdono.

NOVIO. — ¡Con la corona da alegría mirarte!

NOVIA. — ¡Vámonos pronto a la iglesia!

NOVIO. — ¿Tienes prisa?

NOVIA. — Sí. Estoy deseando ser tu mujer y quedarme sola contigo, y
no oír más voz que la tuya.

NOVIO. — ¡Eso quiero yo!

NOVIA. — Y no ver más que tus ojos. Y que me abrazaras tan fuerte, que
aunque me llamara mi madre, que está muerta, no me pudiera
despegar de ti.

NOVIO. — Yo tengo fuerza en los brazos. Te voy a abrazar cuarenta años
seguidos.

NOVIA *(dramática, cogiéndolo del brazo).* — ¡Siempre!

PADRE. — ¡Vamos pronto! ¡A coger las caballerías y los carros! Que ya
ha salido el sol.

MADRE. — ¡Que llevéis cuidado! No sea que tengamos mala hora.

[45] *sosiego:* quietud, tranquilidad.

(Se abre el gran portón del fondo. Empiezan a salir.)

CRIADA *(llorando)*. — Al salir de tu casa,
           blanca doncella,
           acuérdate que sales
           como una estrella...

MUCHACHA 1ª. — Limpia de cuerpo y ropa
           al salir de tu casa para la boda.

(Van saliendo.)

MUCHACHA 2ª. — ¡Ya sales de tu casa
           para la iglesia!

CRIADA. — ¡El aire pone flores
        por las arenas!

MUCHACHA 3ª. — ¡Ay la blanca niña!

CRIADA. — Aire oscuro el encaje
        de su mantilla.

(Salen. Se oyen guitarras, palillos y panderetas. Quedan solos Leonardo y su Mujer.)

MUJER. — Vamos.

LEONARDO. — ¿Adónde?

MUJER. — A la iglesia. Pero no vas en el caballo. Vienes conmigo.

LEONARDO. — ¿En el carro?

MUJER. — ¿Hay otra cosa?

LEONARDO. — Yo no soy hombre para ir en carro.

MUJER. — Y yo no soy mujer para ir sin su marido en un casamiento. ¡Que no puedo más!

LEONARDO. — ¡Ni yo tampoco!

MUJER. — ¿Por qué me miras así? Tienes una espina en cada ojo.

LEONARDO. — ¡Vamos!

MUJER. — No sé lo que pasa. Pero pienso y no quiero pensar. Una cosa sé. Yo ya estoy despachada. Pero tengo un hijo. Y otro que viene.

Vamos andando. El mismo sino tuvo mi madre. Pero de aquí no me muevo. *(Voces fuera.)*

VOCES. — ¡Al salir de tu casa
      para la iglesia,
      acuérdate que sales
      como una estrella!

MUJER *(llorando)*. — ¡Acuérdate que sales
      como una estrella!

Así salí yo de mi casa también. Que me cabía todo el campo en la boca.

LEONARDO *(levantándose)*. — Vamos.

MUJER. — ¡Pero conmigo!

LEONARDO. — Sí. *(Pausa.)* ¡Echa a andar! *(Salen.)*

VOCES. — Al salir de tu casa
      para la iglesia,
      acuérdate que sales
      como una estrella.

TELÓN LENTO

CUADRO SEGUNDO

Exterior de la cueva de la Novia. Entonación en blancos, grises y azules fríos. Grandes chumberas[46]. Tonos sombríos y plateados. Panoramas de mesetas color barquillo[47], todo endurecido como paisaje de cerámica popular.

CRIADA *(arreglando en una mesa copas y bandejas).*

— Giraba,
giraba la rueda
y el agua pasaba;
porque llega la boda,
que se aparten las ramas
y la luna se adorne
por su blanca baranda.

(En voz alta.)

¡Pon los manteles!

(En voz patética.)

Cantaban,
cantaban los novios
y el agua pasaba.
Porque llega la boda,
que relumbre la escarcha
y se llenen de miel
las almendras amargas.

(En voz alta.)

¡Prepara el vino!

[46] *chumberas:* plantas conocidas en América con el nombre de *tunas*. Pertenecen a la familia de los cactos, son de buen tamaño y su fruto es comestible y muy apreciado.
[47] *color barquillo:* del color de la pasta tostada y crocante propia de los cucuruchos de los helados.

(En voz poética.)

Galana.
Galana de la tierra,
mira cómo el agua pasa.
Porque llega tu boda
recógete las faldas
y bajo el ala del novio
nunca salgas de tu casa.
Porque el novio es un palomo
con todo el pecho de brasa
y espera el campo el rumor
de la sangre derramada.
Giraba,
giraba la rueda
y el agua pasaba.
¡Porque llega tu boda,
deja que relumbre el agua!

MADRE *(entrando).* — ¡Por fin!

PADRE. — ¿Somos los primeros?

CRIADA. — No. Hace rato llegó Leonardo con su mujer. Corrieron como demonios. La mujer llegó muerta de miedo. Hicieron el camino como si hubieran venido a caballo.

PADRE. — Ése busca la desgracia. No tiene buena sangre.

MADRE. — ¿Qué sangre va a tener? La de toda su familia. Mana de su bisabuelo, que empezó matando, y sigue en toda la mala ralea[48], manejadores de cuchillos y gente de falsa sonrisa.

PADRE. — ¡Vamos a dejarlo!

CRIADA. — ¿Cómo lo va a dejar?

MADRE. — Me duele hasta la punta de las venas. En la frente de todos ellos yo no veo más que la mano con que mataron a lo que era mío. ¿Tú me ves a mí? ¿No te parezco loca? Pues es loca de no haber gritado todo lo que mi pecho necesita. Tengo en mi pecho un grito

---

[48] *ralea:* raza, casta o linaje. Es término despectivo.

siempre puesto de pie a quien tengo que castigar y meter entre los mantos. Pero se llevan a los muertos y hay que callar. Luego la gente critica. *(Se quita el manto.)*

PADRE. — Hoy no es día de que te acuerdes de esas cosas.

MADRE. — Cuando sale la conversación, tengo que hablar. Y hoy más. Porque hoy me quedo sola en mi casa.

PADRE. — En espera de estar acompañada.

MADRE. — Ésa es mi ilusión: los nietos. *(Se sientan.)*

PADRE. — Yo quiero que tengan muchos. Esta tierra necesita brazos que no sean pagados. Hay que sostener una batalla con las malas hierbas, con los cardos, con los pedruscos que salen no se sabe dónde. Y estos brazos tienen que ser de los dueños, que castiguen y que dominen, que hagan brotar las simientes. Se necesitan muchos hijos.

MADRE. — ¡Y alguna hija! ¡Los varones son del viento! Tienen por fuerza que manejar armas. Las niñas no salen jamás a la calle.

PADRE *(alegre)*. — Yo creo que tendrán de todo.

MADRE. — Mi hijo la cubrirá bien. Es de buena simiente. Su padre pudo haber tenido conmigo muchos hijos.

PADRE. — Lo que yo quisiera es que esto fuera cosa de un día. Que en seguida tuvieran dos o tres hombres.

MADRE. — Pero no es así. Se tarda mucho. Por eso es tan terrible ver la sangre de una derramada por el suelo. Una fuente que corre un minuto y a nosotros nos ha costado años. Cuando yo llegué a ver a mi hijo, estaba tumbado en mitad de la calle. Me mojé las manos de sangre y me las lamí con la lengua. Porque era mía. Tú no sabes lo que es eso. En una custodia de cristal y topacios pondría yo la tierra empapada por ella.

PADRE. — Ahora tienes que esperar. Mi hija es ancha y tu hijo es fuerte.

MADRE. — Así espero. *(Se levanta.)*

PADRE. — Prepara las bandejas de trigo.

CRIADA — Están preparadas.

MUJER DE LEONARDO *(entrando)*. — ¡Que sea para bien!

MADRE. — Gracias.

LEONARDO. — ¿Va a haber fiesta?

PADRE. — Poca. La gente no puede entretenerse.

CRIADA. — ¡Ya están aquí!

(*Van entrando invitados, en alegres grupos. Entran los novios cogidos del brazo. Sale Leonardo.*)

NOVIO. — En ninguna boda se vio tanta gente.

NOVIA (*sombría*). — En ninguna.

PADRE. — Fue lucida.

MADRE. — Ramas enteras de familias han venido.

NOVIO. — Gente que no salía de su casa.

MADRE. — Tu padre sembró mucho y ahora lo recoges tú.

NOVIO. — Hubo primos míos que yo ya no conocía.

MADRE. — Toda la gente de la costa.

NOVIO (*alegre*). — Se espantaban de los caballos.

(*Hablan.*)

MADRE (*a la Novia*). — ¿Qué piensas?

NOVIA. — No pienso en nada.

MADRE. — Las bendiciones pesan mucho. (*Se oyen guitarras.*)

NOVIA. — ¿Se queda usted aquí esta noche?

MADRE. — No. Mi casa está sola.

NOVIA. — ¡Debía usted quedarse!

PADRE (*a la Madre*). — Mira el baile que tienen formado. Bailes de allá de la orilla del mar.

(*Sale Leonardo y se sienta. Su Mujer detrás de él, en actitud rígida.*)

MADRE. — Son los primos de mi marido. Duros como piedras para la danza.

PADRE. — Me alegra verlos. ¡Qué cambio para esta casa! (*Se va.*)

Novio *(a la Novia)*. — ¿Te gustó el azahar?

Novia *(mirándole fija)*. — Sí.

Novio. — Es todo de cera. Dura siempre. Me hubiera gustado que llevaras en todo el vestido.

Novia. — No hace falta.

(Mutis [49] Leonardo por la derecha.)

Muchacha 1ª. — Vamos a quitarte los alfileres.

Novia *(al Novio)*. — Ahora vuelvo.

Mujer. — ¡Aquí los dos; sin salir nunca y a levantar la casa. ¡Ojalá yo viviera también así de lejos!

Novio. — ¿Por qué no compráis tierras? El monte es barato y los hijos se crían mejor.

Mujer. — No tenemos dinero. ¡Y con el camino que llevamos!

Novio. — Tu marido es un buen trabajador.

Mujer. — Sí, pero le gusta volar demasiado. Ir de una cosa a otra. No es hombre tranquilo.

Criada. — ¿No tomáis nada? Te voy a envolver unos roscos[50] de vino para tu madre, que a ella le gustan mucho.

Novio. — Ponle tres docenas.

Mujer. — No, no. Con media tiene bastante.

Novio. — Un día es un día.

Mujer *(a la Criada)*. — ¿Y Leonardo?

Criada. — No lo vi.

Novio. — Debe estar con la gente.

Mujer. — ¡Voy a ver! *(Se va.)*

Criada. — Aquello está hermoso.

Novio. — ¿Y tú no bailas?

Criada. — No hay quien me saque.

[49] *mutis:* término del lenguaje teatral que indica que un personaje se retira de la escena.
[50] *roscos:* bollos en forma de rosca.

(Pasan al fondo dos Muchachas; durante todo este acto el fondo será un animado cruce de figuras.)

NOVIO *(alegre)*. — Eso se llama no entender. Las viejas frescas como tú bailan mejor que las jóvenes.

CRIADA. — Pero ¿vas a echarme requiebros, niño? ¡Qué familia la tuya! ¡Machos entre los machos! Siendo niña vi la boda de tu abuelo. ¡Qué figura! Parecía como si se casara un monte.

NOVIO. — Yo tengo menos estatura.

CRIADA. — Pero el mismo brillo en los ojos. ¿Y la niña?

NOVIO. — Quitándose la toca[51].

CRIADA. — ¡Ah! Mira. Para la medianoche, como no dormiréis, os he preparado jamón, y unas copas grandes de vino antiguo. En la parte baja de la alacena. Por si lo necesitáis.

NOVIO *(sonriente)*. — No como a media noche.

CRIADA *(con malicia)*. — Si tú no, la novia. *(Se va.)*

MOZO 1º *(entrando)*. — ¡Tienes que beber con nosotros!

NOVIO. — Estoy esperando a la novia.

MOZO 2º. — ¡Ya la tendrás en la madrugada!

MOZO 1º. — ¡Que es cuando más gusta!

MOZO 2º. — Un momento.

NOVIO. — Vamos.

(Salen. Se oye gran algazara. Sale la Novia. Por el lado opuesto salen dos Muchachas corriendo a encontrarla.)

MUCHACHA 1ª. — ¿A quién le diste el primer alfiler, a mí o a ésta?

NOVIA. — No me acuerdo.

MUCHACHA 1ª. — A mí me lo diste aquí.

MUCHACHA 2ª. — A mí delante del altar.

NOVIA *(inquieta y con una gran lucha interior)*. — No sé nada.

MUCHACHA 1ª. — Es que yo quisiera que tú...

---

[51] *toca:* adorno que se lleva sobre la cabeza.

Novia *(interrumpiendo)*. — Ni me importa. Tengo mucho que pensar.

Muchacha 2ª. — Perdona. *(Leonardo cruza al fondo.)*

Novia *(ve a Leonardo)*. — Y estos momentos son agitados.

Muchacha 1ª. — ¡Nosotras no sabemos nada!

Novia. — Ya lo sabréis cuando os llegue la hora. Estos pasos son pasos que cuestan mucho.

Muchacha 1ª. — ¿Te has disgustado?

Novia. — No. Perdonad vosotras.

Muchacha 2ª. — ¿De qué? Pero los dos alfileres sirven para casarse, ¿verdad?

Novia. — Los dos.

Muchacha 1ª. — Ahora, que una se casa antes que otra.

Novia. — ¿Tantas ganas tenéis?

Muchacha 2ª *(vergonzosa)*. — Sí.

Novia. — ¿Para qué?

Muchacha 1ª. — Pues... *(Abrazando a la segunda.)*

(Echan a correr las dos. Llega el Novio y muy despacio abraza a la Novia por detrás.)

Novia *(con gran sobresalto)*. — ¡Quita!

Novio. — ¿Te asustas de mí?

Novia. — ¡Ay! ¿Eras tú?

Novio. — ¿Quién iba a ser? *(Pausa.)* Tu padre o yo.

Novia. — ¡Es verdad!

Novio. — Ahora que tu padre te hubiera abrazado más blando.

Novia *(sombría)*. — ¡Claro!

Novio *(la abraza fuertemente de modo un poco brusco)*. — Porque es viejo.

Novia *(seca)*. — ¡Déjame!

Novio. — ¿Por qué? *(La deja.)*

Novia. — Pues... la gente. Pueden vernos.

(Vuelve a cruzar al fondo la Criada, que no mira a los novios.)

NOVIO. — ¿Y qué? Ya es sagrado.

NOVIA. — Sí, pero déjame... Luego.

NOVIO. — ¿Qué tienes? ¡Estás como asustada!

NOVIA. — No tengo nada. No te vayas.

(Sale la mujer de Leonardo.)

MUJER. — No quiero interrumpir...

NOVIO. — Dime.

MUJER. — ¿Pasó por aquí mi marido?

NOVIO. — No.

MUJER. — Es que no lo encuentro, y el caballo no está tampoco en el establo.

NOVIO *(alegre)*. — Debe estar dándole una carrera.

(Se va la Mujer, inquieta. Sale la Criada.)

CRIADA. — ¿No andáis satisfechos de tanto saludo?

NOVIO. — Yo estoy deseando que esto acabe. La novia está un poco cansada.

CRIADA. — ¿Qué es eso, niña?

NOVIA. — ¡Tengo como un golpe en las sienes!

CRIADA. — Una novia de estos montes debe ser fuerte. *(Al Novio.)* Tú eres el único que la puedes curar, porque tuya es. *(Sale corriendo.)*

NOVIO *(abrazándola)*. — Vamos un rato al baile. *(La besa.)*

NOVIA *(angustiada)*. — No. Quiero echarme en la cama un poco.

NOVIO. — Yo te haré compañía.

NOVIA. — ¡Nunca! ¿Con toda la gente aquí? ¿Qué dirían? Déjame sosegar un momento.

NOVIO. — ¡Lo que quieras! ¡Pero no estés así por la noche!

NOVIA *(en la puerta)*. — A la noche estaré mejor.

NOVIO. — ¡Que es lo que yo quiero!

(Aparece la Madre.)

MADRE. — Hijo.

NOVIO. — ¿Dónde anda usted?

MADRE. — En todo ese ruido. ¿Estás contento?

NOVIO. — Sí.

MADRE. — ¿Y tu mujer?

NOVIO. — Descansa un poco. ¡Mal día para las novias!

MADRE. — ¿Mal día? El único bueno. Para mí fue como una herencia. *(Entra la Criada y se dirige al cuarto de la Novia.)* Es la roturación de las tierras, la plantación de árboles nuevos.

NOVIO. — ¿Usted se va a ir?

MADRE. — Sí. Yo tengo que estar en mi casa.

NOVIO. — Sola.

MADRE. — Sola no. Que tengo la cabeza llena de cosas y de hombres y luchas.

NOVIO. — Pero luchas que ya no son luchas.

(Sale la Criada rápidamente; desaparece corriendo por el fondo.)

MADRE. — Mientras una vive, lucha.

NOVIO. — ¡Siempre la obedezco!

MADRE. — Con tu mujer procura estar cariñoso, y si la notaras infatuada[52] o arisca, hazle una caricia que le produzca un poco de daño, un abrazo fuerte, un mordisco y luego un beso suave. Que ella no pueda disgustarse, pero que sienta que tú eres el macho, el amo, el que manda. Así aprendí de tu padre. Y como no lo tienes, tengo que ser yo la que te enseñe estas fortalezas.

NOVIO. — Yo siempre haré lo que usted mande.

PADRE *(entrando)*. — ¿Y mi hija?

NOVIO. — Está dentro.

MUCHACHA 1ª. — ¡Vengan los novios, que vamos a bailar la rueda!

[52] *infatuada:* altiva, engreída, cerrada.

Mozo 1º *(al Novio)*. — Tú la vas a dirigir.

Padre *(saliendo)*. — ¡Aquí no está!

Novio. — ¿No?

Padre. — Debe haber salido a la baranda.

Novio. — ¡Voy a ver! *(Entra.)*

    (Se oye algazara y guitarras.)

Muchacha 1ª. — ¡Ya han empezado! *(Sale.)*

Novio *(saliendo)*. — No está.

Madre *(inquieta)*. — ¿No?

Padre. — ¿Y dónde pudo haber ido?

Criada *(entrando)*. — ¿Y la niña, dónde está?

Madre *(seria)*. — No lo sabemos.

    (Sale el Novio. Entran tres invitados.)

Padre *(dramático)*. — Pero ¿no está en el baile?

Criada. — En el baile no está.

Padre *(con arranque)*. — Hay mucha gente. ¡Mirad!

Criada. — ¡Ya he mirado!

Padre *(trágico)*. — ¿Pues dónde está?

Novio *(entrando)*. — Nada. En ningún sitio.

Madre *(al Padre)*. — ¿Qué es esto? ¿Dónde está tu hija?

    (Entra la mujer de Leonardo.)

Mujer. — ¡Han huido! ¡Han huido! Ella y Leonardo. En el caballo. ¡Iban abrazados, como una exhalación!

Padre. — ¡No es verdad! ¡Mi hija, no!

Madre. — ¡Tu hija, sí! Planta de mala madre, y él, también él. ¡Pero ya es la mujer de mi hijo!

Novio *(entrando)*. — ¡Vamos detrás! ¿Quién tiene un caballo?

Madre. — ¿Quién tiene un caballo ahora mismo, quién tiene un caballo? Que le daré todo lo que tengo, mis ojos y hasta mi lengua...

Voz. — Aquí hay uno.

Madre *(al hijo).* — ¡Anda! ¡Detrás! *(Sale con dos mozos.)* No. No vayas. Esa gente mata pronto y bien...; ¡pero sí, corre, y yo detrás!

Padre. — No será ella. Quizá se haya tirado al aljibe.

Madre. — Al agua se tiran las honradas, las limpias; ¡ésa no! Pero ya es mujer de mi hijo. Dos bandos. Aquí hay dos bandos. *(Entran todos.)* Mi familia y la tuya. Salid todos de aquí. Limpiarse el polvo de los zapatos. Vamos a ayudar a mi hijo. *(La gente se separa en dos grupos.)* Porque tiene gente; que son sus primos del mar y todos los que llegan de tierra adentro. ¡Fuera de aquí! Por todos los caminos. Ha llegado otra vez la hora de la sangre. Dos bandos. Tú con el tuyo y yo con el mío. ¡Atrás! ¡Atrás!

TELÓN

Foto de la filmación de Bodas de sangre *(1938) bajo la dirección de Edmundo Guibòurg. Aquí la actriz Margarita Xirgu junto al fotógrafo Roque Funes.* Gentileza Museo Municipal del Cine.

ACTO TERCERO

CUADRO PRIMERO

Bosque. Es de noche. Grandes troncos húmedos. Ambiente oscuro. Se oyen dos violines.

(Salen tres Leñadores.)

LEÑADOR 1º. — ¿Y los han encontrado?

LEÑADOR 2º. — No. Pero los buscan por todas partes.

LEÑADOR 3º. — Ya darán con ellos.

LEÑADOR 2º. — ¡Chissss!

LEÑADOR 3º. — ¿Qué?

LEÑADOR 2º. — Parece que se acercan por todos los caminos a la vez.

LEÑADOR 1º. — Cuando salga la luna los verán.

LEÑADOR 2º. — Debían dejarlos.

LEÑADOR 1º. — El mundo es grande. Todos pueden vivir en él.

LEÑADOR 3º. — Pero los matarán.

LEÑADOR 2º. — Hay que seguir la inclinación; han hecho bien en huir.

LEÑADOR 1º. — Se estaban engañando uno a otro y al final la sangre pudo más.

LEÑADOR 3º. — ¡La sangre!

LEÑADOR 1º. — Hay que seguir el camino de la sangre.

LEÑADOR 2º. — Pero sangre que ve la luz se la bebe la tierra.

LEÑADOR 1º. — ¿Y qué? Vale más ser muerto desangrado que vivo con ella podrida.

LEÑADOR 3º. — Callar.

LEÑADOR 1º. — ¿Qué? ¿Oyes algo?

LEÑADOR 3º. — Oigo los grillos, las ranas, el acecho de la noche.

LEÑADOR 1º. — Pero el caballo no se siente.

LEÑADOR 3º. — No.

LEÑADOR 1º. — Ahora la estará queriendo.

LEÑADOR 2º. — El cuerpo de ella era para él y el cuerpo de él para ella.

LEÑADOR 3º. — Los buscan y los matarán.

LEÑADOR 1º. — Pero ya habrán mezclados sus sangres y serán como dos cántaros vacíos, como dos arroyos secos.

LEÑADOR 2º. — Hay muchas nubes y será fácil que la luna no salga.

LEÑADOR 3º. — El novio los encontrará con luna o sin luna. Yo lo vi salir. Como una estrella furiosa. La cara color ceniza. Expresaba el sino de su casta.

LEÑADOR 1º. — Su casta de muertos en mitad de la calle.

LEÑADOR 2º. — ¡Eso es!

LEÑADOR 3º. — ¿Crees que ellos lograrán romper el cerco?

LEÑADOR 2º. — Es difícil. Hay cuchillos y escopetas a diez leguas a la redonda.

LEÑADOR 3º. — Él lleva un buen caballo.

LEÑADOR 2º. — Pero lleva una mujer.

LEÑADOR 1º. — Ya estamos cerca.

LEÑADOR 2º. — Un árbol de cuarenta ramas. Lo cortaremos pronto.

LEÑADOR 3º. — Ahora sale la luna. Vamos a darnos prisa.

(Por la izquierda surge una claridad.)

LEÑADOR 1º. — ¡Ay luna que sales!
Luna de las hojas grandes.

LEÑADOR 2º. — ¡Llena de jazmines la sangre!

LEÑADOR 1º. — ¡Ay luna sola!
¡Luna de las verdes hojas!

106

LEÑADOR 2º. — Plata en la cara de la novia.

LEÑADOR 3º. — ¡Ay luna mala!
                    Deja para el amor la oscura rama.

LEÑADOR 1º. — ¡Ay triste luna!
                    ¡Deja para el amor la rama oscura!

(Salen. Por la claridad de la izquierda aparece la Luna. La Luna es un leñador joven con la cara blanca. La escena adquiere un vivo resplandor azul.)

LUNA. — Cisne redondo en el río,
                ojo de las catedrales,
                alba fingida en las hojas
                soy; ¡no podrán escaparse!
                ¿Quién se oculta? ¿Quién solloza
                por la maleza del valle?
                La luna deja un cuchillo
                abandonado en el aire,
                que siendo acecho de plomo
                quiere ser dolor de sangre.
                ¡Dejadme entrar! ¡Vengo helada
                por paredes y cristales!
                ¡Abrid tejados y pechos
                donde pueda calentarme!
                ¡Tengo frío! Mis cenizas
                de soñolientos metales,
                buscan la cresta del fuego
                por los montes y las calles.
                Pero me lleva la nieve
                sobre su espalda de jaspe[53],

[53] *jaspe:* mármol veteado.

y me anega, dura y fría,
el agua de los estanques.
Pues esta noche tendrán
mis mejillas roja sangre,
y los juncos agrupados
en los anchos pies del aire.
¡No haya sombra ni emboscada,
que no puedan escaparse!
¡Que quiero entrar en un pecho
para poder calentarme!
¡Un corazón para mí!
¡Caliente, que se derrame
por los montes de mi pecho;
dejadme entrar, ay, dejadme!

(A las ramas.)

No quiero sombras. Mis rayos
han de entrar en todas partes,
y haya en los troncos oscuros
un rumor de claridades,
para que esta noche tengan
mis mejillas dulce sangre,
y los juncos agrupados
en los anchos pies del aire.
¿Quién se oculta? ¡Afuera digo!
¡No! ¡No podrán escaparse!
Yo haré lucir al caballo
una fiebre de diamante.

(Desaparece entre los troncos, y vuelve la escena a su luz oscura.

Sale una anciana totalmente cubierta por tenues paños verdeoscuros. Lleva los pies descalzos. Apenas si se le verá el rostro entre los pliegues. Este personaje no figura en el reparto[54].)

MENDIGA. — Esa luna se va y ellos se acercan.

De aquí no pasan. El rumor del río
apagará con el rumor de troncos
el desgarrado vuelo de los gritos.
Aquí ha de ser, y pronto. Estoy cansada.
Abren los cofres, y los blancos hilos
aguardan por el suelo de la alcoba
cuerpos pesados con el cuello herido.
No se despierte un pájaro y la brisa,
recogiendo en su falda los gemidos,
huya con ellos por las negras copas
o los entierre por el blando limo[55].

(Impaciente.)

¡Esa luna, esa luna!

(Aparece la Luna. Vuelve la luz azul intensa.)

LUNA. — Ya se acercan.

Unos por la cañada y otros por el río.

Voy a alumbrar las piedras. ¿Qué necesitas?

MENDIGA. — Nada.

LUNA. — El aire va llegando duro, con doble filo.

MENDIGA. — Ilumina el chaleco y aparta los botones,
que después las navajas ya saben el camino.

---

[54] *Este personaje... en el reparto:* a pesar de esta afirmación, en las ediciones consultadas este personaje sí figura en el reparto: "La Muerte (como mendiga)". Considerando que la acotación fue escrita por el autor, puede suponerse que en alguna edición se incorporó al reparto ese personaje, identificándolo con la Muerte.
[55] *limo:* barro.

LUNA. — Pero que tarden mucho en morir. Que la sangre
me ponga entre los dedos su delicado silbo.
¡Mira que ya mis valles de ceniza despiertan
en ansia de esta fuente de chorro estremecido!

MENDIGA. — No dejemos que pasen el arroyo. ¡Silencio!

LUNA. — ¡Allí vienen! *(Se va. Queda la escena oscura.)*

MENDIGA. — De prisa. Mucha luz. ¿Me has oído?
¡No pueden escaparse!

(Entran el Novio y Mozo 1º. La Mendiga se sienta y se tapa con el manto.)

NOVIO. — Por aquí.

MOZO 1º. — No los encontrarás.

NOVIO *(enérgico)*. — ¡Sí los encontraré!

MOZO 1º. — Creo que se han ido por otra vereda[56].

NOVIO. — No. Yo sentí hace un momento el galope.

MOZO 1º. — Sería otro caballo.

NOVIO *(dramático)*. — Oye. No hay más que un caballo en el mundo, y
es éste. ¿Te has enterado? Si me sigues, sígueme sin hablar.

MOZO 1º. — Es que quisiera...

NOVIO. — Calla. Estoy seguro de encontrármelos aquí. ¿Ves este brazo?
Pues no es mi brazo. Es el brazo de mi hermano y el de mi padre
y el de toda mi familia que está muerta. Y tiene tanto poderío, que
puede arrancar este árbol de raíz si quiere. Y vamos pronto, que
siento los dientes de todos los míos clavados aquí de una manera
que se me hace imposible respirar tranquilo.

MENDIGA *(quejándose)*. — ¡Ay!

MOZO 1º. — ¿Has oído?

NOVIO. — Vete por ahí y da la vuelta.

MOZO 1°. — Esto es una caza.

[56] *vereda:* camino angosto, trazado en forma natural por el continuo paso de peatones
y animales.

110

Novio. — Una caza. La más grande que se puede hacer.

(Se va el Mozo. El Novio se dirige rápidamente hacia la izquierda y tropieza con la Mendiga, la muerte.)

Mendiga. — ¡Ay!

Novio. — ¿Qué quieres?

Mendiga. — Tengo frío.

Novio. — ¿Adónde te diriges?

Mendiga *(siempre quejándose como una mendiga).* — Allá lejos...

Novio. — ¿De dónde vienes?

Mendiga. — De allí... de muy lejos.

Novio. — ¿Viste un hombre y una mujer que corrían montados en un caballo?

Mendiga *(despertándose).* — Espera... *(Lo mira.)* Hermoso galán. *(Se levanta.)* Pero mucho más hermoso si estuviera dormido.

Novio. — Dime, contesta, ¿los viste?

Mendiga. — Espera... ¡Qué espaldas más anchas! ¿Cómo no te gusta estar tendido sobre ellas y no andar sobre las plantas de los pies, que son tan chicas?

Novio *(zamarreándola).* — ¡Te digo si los viste! ¿Han pasado por aquí?

Mendiga *(enérgica).* — No han pasado; pero están saliendo de la colina. ¿No lo oyes?

Novio. — No.

Mendiga. — ¿Tú no conoces el camino?

Novio. — ¡Iré sea como sea!

Mendiga. — Te acompañaré. Conozco esta tierra.

Novio *(impaciente).* — ¡Pues vamos! ¿Por dónde?

Mendiga *(dramática).* — ¡Por allí!

(Salen rápidos. Se oyen lejanos dos violines que expresan el bosque. Vuelven los Leñadores. Llevan las hachas al hombro. Pasan lentos entre los troncos.)

Leñador 1º. — ¡Ay muerte que sales!
        Muerte de las hojas grandes.
Leñador 2º. — ¡No abras el chorro de la sangre!
Leñador 1º. — ¡Ay muerte sola!
        Muerte de las secas hojas.
Leñador 3º. — ¡No cubras de flores la boda!
Leñador 2º. — ¡Ay triste muerte!
        Deja para el amor la rama verde.
Leñador 1º. — ¡Ay muerte mala!
        ¡Deja para el amor la verde rama!

(Van saliendo mientras hablan. Aparecen Leonardo y la Novia.)

Leonardo. — ¡Calla!
Novia. — Desde aquí yo me iré sola.
        ¡Vete! Quiero que te vuelvas.
Leonardo. — ¡Calla, digo!
Novia. — Con los dientes,
        con las manos, como puedas,
        quita de mi cuello honrado
        el metal de esta cadena,
        dejándome arrinconada
        allá en mi casa de tierra.
        Y si no quieres matarme
        como a víbora pequeña,
        pon en mis manos de novia
        el cañón de la escopeta.
        ¡Ay, qué lamento, qué fuego
        me sube por la cabeza!
        ¡Qué vidrios se me clavan en la lengua!
Leonardo. — Ya dimos el paso; ¡calla!

porque nos persiguen cerca
y te he de llevar conmigo.

NOVIA. — ¡Pero ha de ser a la fuerza!

LEONARDO. — ¿A la fuerza? ¿Quién bajó
primero las escaleras?

NOVIA. — Yo las bajé.

LEONARDO. — ¿Quién le puso
al caballo bridas nuevas?

NOVIA. — Yo misma. Verdad.

LEONARDO. — ¿Y qué manos
me calzaron las espuelas?

NOVIA. — Estas manos, que son tuyas,
pero que al verte quisieran
quebrar las ramas azules
y el murmullo de tus venas.
¡Te quiero! ¡Te quiero! ¡Aparta!
Que si matarte pudiera,
te pondría una mortaja
con los filos de violetas.
¡Ay, qué lamento, qué fuego
me sube por la cabeza!

LEONARDO. — ¡Qué vidrios se me clavan en la lengua!
Porque yo quise olvidar
y puse un muro de piedra
entre tu casa y la mía.
Es verdad. ¿No lo recuerdas?
Y cuando te vi de lejos
me eché en los ojos arena.
Pero montaba a caballo

y el caballo iba a tu puerta.
Con alfileres de plata
mi sangre se puso negra,
y el sueño me fue llenando
las carnes de mala hierba.
Que yo no tengo la culpa,
que la culpa es de la tierra
y de ese olor que te sale
de los pechos y las trenzas.

NOVIA. — ¡Ay qué sinrazón! No quiero
contigo cama ni cena,
y no hay minuto del día
que estar contigo no quiera,
porque me arrastras y voy,
y me dices que me vuelva
y te sigo por el aire
como una brizna de hierba.
He dejado a un hombre duro
y a toda su descendencia
en la mitad de la boda
y con la corona puesta.
Para ti será el castigo
y no quiero que lo sea.
¡Déjame sola! ¡Huye tú!
No hay nadie que te defienda.

LEONARDO. — Pájaros de la mañana
por los árboles se quiebran.
La noche se está muriendo
en el filo de la piedra.

Vamos al rincón oscuro
donde yo siempre te quiera,
que no me importa la gente
ni el veneno que nos echa.

(La abraza fuertemente.)

Novia. — Y yo dormiré a tus pies
para guardar lo que sueñas.
Desnuda, mirando al campo,

(Dramática.)

como si fuera una perra,
¡porque eso soy! Que te miro
y tu hermosura me quema.

Leonardo. — Se abrasa lumbre con lumbre.
La misma llama pequeña
mata dos espigas juntas.
¡Vamos!

(La arrastra.)

Novia. — ¿Adónde me llevas?

Leonardo. — Adonde no puedan ir
estos hombres que nos cercan.
¡Donde yo pueda mirarte!

Novia *(sarcástica).* — Llévame de feria en feria,
dolor de mujer honrada,
a que las gentes me vean
con las sábanas de boda
al aire, como banderas.

Leonardo. — También yo quiero dejarte
si pienso como se piensa.
Pero voy donde tú vas.

Tú también. Da un paso. Prueba.

Clavos de luna nos funden

mi cintura y tus caderas.

(Toda esta escena es violenta, llena de gran sensualidad.)

NOVIA. — ¿Oyes?

LEONARDO. — Viene gente.

NOVIA. — ¡Huye!

Es justo que yo aquí muera

con los pies dentro del agua

y espinas en la cabeza.

Y que me lloren las hojas,

mujer perdida y doncella.

LEONARDO. — Cállate. Ya suben.

NOVIA. — ¡Vete!

LEONARDO. — Silencio. Que no nos sientan.

Tú delante. ¡Vamos, digo!

(Vacila la Novia.)

NOVIA. — ¡Los dos juntos!

LEONARDO *(abrazándola).* — ¡Como quieras!

Si nos separan, será

porque esté muerto.

NOVIA. — Y yo muerta.

(Salen abrazados.)

(Aparece la Luna muy despacio. La escena adquiere una fuerte luz azul. Se oyen los dos violines. Bruscamente se oyen dos largos gritos desgarrados y se corta la música de los violines. Al segundo grito aparece la Mendiga y queda de espaldas. Abre el manto y queda en el centro como un gran pájaro de alas inmensas. La Luna se detiene. El telón baja en medio de un silencio absoluto.)

TELÓN

CUADRO ÚLTIMO

Habitación blanca con arcos y gruesos muros. A la derecha y a la izquierda escaleras blancas. Gran arco al fondo y pared del mismo color. El suelo será también de un blanco reluciente. Esta habitación simple tendrá un sentido monumental de iglesia. No habrá ni un gris, ni una sombra, ni siquiera lo preciso para la perspectiva.

(Dos Muchachas vestidas de azul oscuro están devanando[57] una madeja roja.)

MUCHACHA 1ª. — Madeja, madeja,
　　　　　　　¿qué quieres hacer?
MUCHACHA 2ª. — Jazmín de vestido,
　　　　　　　cristal de papel.
　　　　　　　Nacer a las cuatro,
　　　　　　　morir a las diez.
　　　　　　　Ser hilo de lana,
　　　　　　　cadena a tus pies
　　　　　　　y nudo que apriete
　　　　　　　amargo laurel.
NIÑA *(cantando)*. — ¿Fuisteis a la boda?
MUCHACHA 1ª. — No.
NIÑA. — ¡Tampoco fui yo!
　　　　¿Qué pasaría
　　　　por los tallos de las viñas?
　　　　¿Qué pasaría

---

[57] *devanando:* haciendo un ovillo con el hilo o la lana.

por el ramo de la oliva?

¿Qué pasó

que nadie volvió?

¿Fuisteis a la boda?

MUCHACHA 2ª. — Hemos dicho que no.

NIÑA *(yéndose).* — ¡Tampoco fui yo!

MUCHACHA 2ª. — Madeja, madeja,

    ¿qué quieres cantar?

MUCHACHA 1ª. — Heridas de cera,

    dolor de arrayán.

    Dormir la mañana,

    de noche velar.

NIÑA *(en la puerta).* — El hilo tropieza

con el pedernal[58].

Los montes azules

lo dejan pasar.

Corre, corre, corre,

y al fin llegará

a poner cuchillo

y quitar el pan.

(Se va.)

MUCHACHA 2ª. — Madeja, madeja,

    ¿qué quieres decir?

MUCHACHA 1ª. — Amante sin habla.

    Novio carmesí.

    Por la orilla muda

    tendidos los vi.

(Se detiene mirando la madeja.)

[58] *pedernal:* piedra muy dura.

NIÑA *(asomándose a la puerta).*

> — Corre, corre, corre,
> el hilo hasta aquí.
> Cubiertos de barro
> los siento venir.
> ¡Cuerpos estirados,
> paños de marfil!

(Se va.)

(Aparecen la Mujer y la Suegra de Leonardo. Llegan angustiadas.)

MUCHACHA 1ª. — ¿Vienen ya?

SUEGRA *(agria).* — No sabemos.

MUCHACHA 2ª. — ¿Qué contáis de la boda?

MUCHACHA 1ª. — Dime.

SUEGRA *(seca).* — Nada.

MUJER. — Quiero volver para saberlo todo.

SUEGRA *(enérgica).* — Tú, a tu casa.

> Valiente y sola en tu casa.
> A envejecer y a llorar.
> Pero la puerta cerrada.
> Nunca. Ni muerto ni vivo.
> Clavaremos las ventanas.
> Y vengan lluvias y noches
> sobre las hierbas amargas.

MUERTE. — ¿Qué habrá pasado?

SUEGRA. — No importa.

> Échate un velo en la cara.
> Tus hijos son hijos tuyos
> nada más. Sobre la cama

119

pon una cruz de ceniza
donde estuvo su almohada.

(Salen.)

MENDIGA *(a la puerta).* — Un pedazo de pan, muchachas.

NIÑA. — ¡Vete!

(Las Muchachas se agrupan.)

MENDIGA. — ¿Por qué?

NIÑA. — Porque tú gimes: vete.

MUCHACHA 1ª. — ¡Niña!

MENDIGA. — ¡Pude pedir tus ojos! Una nube
de pájaros me sigue; ¿quieres uno?

NIÑA. — ¡Yo me quiero marchar!

MUCHACHA 2ª *(a la Mendiga).* — ¡No le hagas caso!

MUCHACHA 1ª. — ¿Vienes por el camino del arroyo?

MENDIGA. — ¡Por allí vine!

MUCHACHA 1ª *(tímida).* — ¿Puedo preguntarte?

MENDIGA. — Yo los vi; pronto llegan: dos torrentes
quietos al fin entre piedras grandes,
dos hombres en las patas del caballo.
Muertos en la hermosura de la noche.

(Con delectación.)

Muertos, sí, muertos.

MUCHACHA 1ª. — ¡Calla, vieja, calla!

MENDIGA. — Flores rotas los ojos, y sus dientes
dos puñados de nieve endurecida.
Los dos cayeron, y la novia vuelve
teñida en sangre falda y cabellera.
Cubiertos con dos mantas ellos vienen

sobre los hombros de los mozos altos.

Así fue, nada más. Era lo justo.

Sobre la flor del oro, sucia arena.

(Se va. Las Muchachas inclinan la cabeza y rítmicamente van saliendo.)

Muchacha 1ª. — Sucia arena.

Muchacha 2ª. — Sobre la flor del oro.

Niña. — Sobre la flor del oro

traen a los muertos del arroyo.

Morenito el uno,

morenito el otro.

¡Qué ruiseñor de sombra vuela y gime

sobre la flor del oro!

(Se va. Queda la escena sola. Aparece la Madre con una Vecina. La Vecina viene llorando.)

Madre. — Calla.

Vecina. — No puedo.

Madre. — Calla, he dicho. *(En la puerta.)* ¿No hay nadie aquí? *(Se lleva las manos a la frente.)* Debía contestarme mi hijo. Pero mi hijo es ya un brazado de flores secas. Mi hijo es ya una voz oscura detrás de los montes. *(Con rabia a la Vecina.)* ¿Te quieres callar? No quiero llantos en esta casa. Vuestras lágrimas son lágrimas de los ojos nada más, y las mías vendrán cuando yo esté sola, de las plantas de mis pies, de mis raíces, y serán más ardientes que la sangre.

Vecina. — Vente a mi casa; no te quedes aquí.

Madre. — Aquí. Aquí quiero estar. Y tranquila. Ya todos están muertos. A medianoche dormiré, dormiré sin que ya me aterren las escopetas o el cuchillo. Otras madres se asomarán a las ventanas, azotadas por la lluvia, para ver el rostro de sus hijos. Yo no. Yo haré con mi sueño una fría paloma de marfil que lleve camelias de escarcha sobre el camposanto[59]. Pero no; camposanto no, camposanto no: lecho de tierra, cama que los cobija y que los mece por el cielo. *(Entra una mujer de negro que se dirige a la derecha y allí se arrodilla. A la Vecina.)* Quítate las manos de la cara. Hemos de pasar días terribles. No quiero ver a nadie. La tierra y yo. Mi llanto y yo. Y estas cuatro paredes. ¡Ay! ¡Ay! *(Se sienta transida.)*

Vecina. — Ten caridad de ti misma.

Madre *(echándose el pelo hacia atrás).* — He de estar serena. *(Se sienta.)* Porque vendrán las vecinas y no quiero que me vean tan pobre. ¡Tan pobre! Una mujer que no tiene un hijo siquiera que poderse llevar a los labios.

(Aparece la Novia. Viene sin azahar y con un manto negro.)

Vecina *(viendo a la Novia, con rabia).* — ¿Dónde vas?

Novia. — Aquí vengo.

Madre *(a la vecina).* — ¿Quién es?

Vecina. — ¿No la reconoces?

Madre. — Por eso pregunto quién es. Porque tengo que no reconocerla, para no clavarle mis dientes en el cuello. ¡Víbora! *(Se dirige hacia la Novia con ademán fulminante; se detiene. A la Vecina.)* ¿La ves? Está ahí y está llorando, y yo quieta sin arrancarle los ojos. No me entiendo. ¿Será que yo no quería a mi hijo? Pero ¿y su honra? ¿Dónde está su honra? *(Golpea a la Novia. Ésta cae al suelo.)*

Vecina. — ¡Por Dios! *(Trata de separarlas.)*

Novia *(a la Vecina).* — Déjala; he venido para que me mate y que me lleven con ellos. *(A la Madre.)* Pero no con las manos; con garfios de alambre, con una hoz, y con fuerza, hasta que se rompa en mis huesos. ¡Déjala! Que quiero que sepa que yo soy limpia, que estaré loca, pero que me pueden enterrar sin que ningún hombre se haya mirado en la blancura de mis pechos.

Madre. — Calla; calla; ¿qué me importa eso a mí?

Novia. — ¡Porque yo me fui con el otro, me fui! *(Con angustia.)* Tú también te hubieras ido. Yo era una mujer quemada, llena de llagas

---

[59] *camposanto:* cementerio.

por dentro y por fuera, y tu hijo era un poquito de agua de la que yo esperaba hijos, tierra, salud; pero el otro era un río oscuro, lleno de ramas, que acercaba a mí el rumor de sus juncos y su cantar entre dientes. Y yo corría con tu hijo que era como un niñito de agua fría, y el otro me mandaba cientos de pájaros que me impedían el andar y que dejaban escarcha sobre mis heridas de pobre mujer marchita, de muchacha acariciada por el fuego. Yo no quería, ¡óyelo bien!, yo no quería. ¡Tu hijo era mi fin y yo no lo he engañado, pero el brazo del otro me arrastró como un golpe de mar, como la cabezada de un mulo, y me hubiera arrastrado siempre, siempre, siempre, aunque hubiera sido vieja y todos los hijos de tu hijo me hubiesen agarrado de los cabellos!

(Entra una vecina.)

MADRE. — Ella no tiene la culpa, ¡ni yo! *(Sarcástica.)* ¿Quién la tiene, pues? ¡Floja, delicada, mujer de mal dormir es quien tira una corona de azahar para buscar un pedazo de cama calentado por otra mujer!

NOVIA. — ¡Calla, calla! Véngate de mí; ¡aquí estoy! Mira que mi cuello es blando; te costará menos trabajo que segar una dalia de tu huerto. Pero ¡eso no! Honrada, honrada como una niña recién nacida. Y fuerte para demostrártelo. Enciende la lumbre. Vamos a meter las manos: tú, por tu hijo; yo, por mi cuerpo. Las retirarás antes tú.

(Entra otra vecina.)

MADRE. — Pero ¿qué me importa a mí tu honradez? ¿Qué me importa tu muerte? ¿Qué me importa a mí nada de nada? Benditos sean los trigos, porque mis hijos están debajo de ellos; bendita sea la lluvia, porque moja la cara de los muertos. Bendito sea Dios, que nos tiende juntos para descansar.

(Entra otra vecina.)

NOVIA. — Déjame llorar contigo.

MADRE. — Llora. Pero en la puerta.

(Entra la Niña. La Novia queda en la puerta. La Madre, en el centro de la escena.)

MUJER *(entrando y dirigiéndose a la izquierda)*.

  —Era hermoso jinete,
  y ahora montón de nieve.
  Corrió ferias y montes
  y brazos de mujeres.
  Ahora, musgo de noche
  le corona la frente.

MADRE. — Girasol de tu madre,
  espejo de la tierra.
  Que te pongan al pecho
  cruz de amargas adelfas[60],
  sábana que te cubra
  de reluciente seda,
  y el agua forme un llanto
  entre tus manos quietas.

MUJER. — ¡Ay, que cuatro muchachos
  llegan con hombros cansados!

NOVIA. — ¡Ay, que cuatro galanes
  traen a la muerte por el aire!

MADRE. — Vecinas.

NIÑA *(en la puerta)*. — Ya los traen.

MADRE. — Es lo mismo,
  la cruz, la cruz.

MUJERES. — Dulces clavos,
  dulce cruz,
  dulce nombre
  de Jesús.

MADRE. — Que la cruz ampare a muertos y vivos.

[60] *adelfas:* flores rojizas o violáceas.

124

Vecinas, con un cuchillo,
con un cuchillito,
en un día señalado, entre las dos y las tres,
se mataron los dos hombres del amor.
Con un cuchillo,
con un cuchillito
que apenas cabe en la mano,
pero que penetra fino
por las carnes asombradas,
y que se para en el sitio
donde tiembla enmarañada
la oscura raíz del grito.

NOVIA. — Y esto es un cuchillo,
un cuchillito
que apenas cabe en la mano;
pez sin escamas ni río,
para que en un día señalado, entre las dos y las tres,
con este cuchillo
se queden dos hombres duros
con los labios amarillos.

MADRE. — Y apenas cabe en la mano,
pero que penetra frío
por las carnes asombradas
y allí se para, en el sitio
donde tiembla enmarañada
la oscura raíz del grito.

(Las vecinas, arrodilladas en el suelo, lloran.)

TELÓN FINAL

"Perspectiva urbana con autorretrato", dibujo de García Lorca que se exhibió en el Museo Nacional de Arte Decorativo (Buenos Aires, 1987) en una muestra-homenaje al poeta.

PROPUESTAS DE TRABAJO

1. A partir de la CRONOLOGÍA y la INTRODUCCIÓN:

   a) Confeccionar una lista de los representantes de la generación del 27 citando junto a cada nombre por lo menos dos obras de ese autor.

   b) Elegir entre los anteriores un autor en especial e investigar sobre la totalidad de sus obras, consultando otras fuentes.

   c) Buscar una poesía breve del autor elegido y comentarla.

2. En las siguientes citas (y en otras que el alumno buscará, distintas de las que aparecen en la INTRODUCCIÓN a propósito de este tema), explicar el sentido de la palabra **sangre** teniendo en cuenta el contexto:

   "Cuando yo llegué a ver a mi hijo, estaba tumbado en mitad de la calle. Me mojé las manos de sangre y me las lamí con la lengua. Porque era mía." (la Madre)

   "Hay que seguir el camino de la sangre." (Leñador 1º)

3. Realizar en clase una lectura comentada del fragmento en forma de romance que Lorca pone en boca de la Luna, en el primer cuadro del acto II de *Bodas de sangre*. Es el que comienza con los versos ya citados en la INTRODUCCIÓN:

   "Cisne redondo en el río,
   ojo de las catedrales..."

4. En el conjunto de obras de Lorca hay algunos temas e imágenes que se repiten y le dan un "aire de familia" a composiciones creadas en distintas épocas y circunstancias personales.

Leer y analizar literariamente los poemas que siguen. Luego, comentar los elementos que los vinculan al universo de *Bodas de sangre*.

Y DESPUÉS

Los laberintos
que crea el tiempo,
se desvanecen.

(Solo queda
el desierto.)

El corazón,
fuente del deseo,
se desvanece.

(Solo queda
el desierto.)

La ilusión de la aurora
y los besos,
se desvanecen.

Solo queda el desierto.
Un ondulado
desierto.

(De *Poema del cante jondo.*)

ASESINATO
(DOS VECES DE MADRUGADA EN RIVERSIDE DRIVE)

¿Cómo fue?
—Una grieta en la mejilla.
¡Eso es todo!
Una uña que aprieta el tallo.
Un alfiler que bucea
hasta encontrar las raicillas del grito.
Y el mar deja de moverse.

—¿*Cómo, cómo fue?*
—Así.
—*¡Déjame! ¿De esa manera?*
—Sí.
El corazón salió solo.
—*¡Ay, ay de mí!*

(De Poeta en Nueva York.)

CORTARON TRES ÁRBOLES

Eran tres.
(Vino el día con sus hachas.)
Eran dos.
(Alas rastreras de plata.)
Era uno.
Era ninguno.
(Se quedó desnuda el agua.)

(De Canciones.)

5. Se transcribe a continuación la lista de personajes que figura al comienzo de *La zapatera prodigiosa*, de García Lorca.

PERSONAJES

ZAPATERA
VECINA ROJA
VECINA MORADA
VECINA NEGRA
VECINA VERDE
VECINA AMARILLA
BEATA 1ª
BEATA 2ª
SACRISTANA
EL AUTOR
ZAPATERO
EL NIÑO
ALCALDE

Don Mirlo
Mozo de la Faja
Mozo del Sombrero
Vecinas, Beatas y Pueblo

Leer en clase grupal y comentar lo que se observe sobre los nombres de los personajes. Comparar con lo dicho en la Introducción ("Sociedad Anónima"), a propósito de los de *Bodas de sangre*.

Con más tiempo, como trabajo especial, un equipo leerá *La zapatera prodigiosa* en forma completa y luego propondrá una justificación para el nombre de Don Mirlo, que Lorca le dio a uno de los personajes.

6. En la Introducción se habla de la casa como reducto específico de la mujer, escenario de rutinas domésticas y también fortaleza en la adversidad.

El célebre filósofo alemán Emmanuel Kant (1724-1804) se expresaba así sobre el valor de la casa para el ser humano en general:

> "La casa, el domicilio, es el único bastión frente al horror de la nada, la noche y los oscuros orígenes; encierra entre sus muros todo lo que la humanidad ha ido acumulando pacientemente por los siglos de los siglos; *se opone a la evasión, a la pérdida, a la ausencia, ya que organiza su propio orden interno, su sociabilidad y su pasión.* Su libertad se despliega en lo estable, lo cerrado, y no en lo abierto ni lo indefinido. *Estar en casa es lo mismo que reconocer la lentitud de la vida y el placer de la meditación inmóvil.*"
>
> Citado en *Historia de la vida privada*, tomo 8, Buenos Aires, Taurus, 1990, p.10. [El subrayado es nuestro.]

a) Comentar grupalmente las afirmaciones de Kant.

b) Relacionar, en especial, el contenido de las partes subrayadas, con las vivencias de los principales personajes femeninos de *Bodas de sangre*.

130

7. En la Introducción ("Espejos humanos") se muestra el procedimiento de dar a conocer un personaje a través de la visión que los demás tienen de él.

   Buscar otras citas de la obra que permitan ampliar la imagen de la Novia y el Novio. Con esos datos y los que surgen del desarrollo de la historia, más los que el alumno imagine libremente pero en coherencia con los anteriores, escribir un retrato integral de uno de los personajes, a elección.

   Puede hacerse el mismo trabajo también con la Madre o Leonardo.

8. En el último acto de *Bodas de sangre* el duelo trágico entre Leonardo y el Novio no sucede en escena. Debería ocupar el tramo final del primer cuadro, pero Lorca prefirió dejarlo librado a la imaginación del espectador. (Ver acotaciones antes del cierre del telón, pag. 116)

   Poniéndose en posición de autor, intentar la redacción de esa escena omitida. Tener en cuenta que el diálogo deberá ser mínimo, con intervenciones significativas de cada personajes y algunas acotaciones que se refieran a acciones y movimientos. Recordar que los rivales nunca se hablaron entre sí en la obra y que, supuestamente, la Novia está junto a Leonardo cuando el Novio lo encuentra; ella regresa al pueblo "teñida en sangre falda y cabellera", según cuenta la Mendiga en el cuadro final.

   El trozo inventado deberá ser breve, para que no pierda dramatismo, pero no insustancial, y (salvo para audaces) en prosa.

9. Como se dijo en la Introducción ("El teatro neopopular"), *Bodas de sangre* está inspirada libremente en una crónica policial que Lorca había leído años antes.

   Se propone al alumno hacer el camino inverso: a partir del contenido de la obra teatral leída, redactar la crónica policial que podría narrar un suceso semejante en un diario actual.

   Puede optarse por un estilo serio, de lenguaje denotativo y vocabulario característico de esa sección de los periódicos, o elegir el modelo sensacionalista ("prensa amarilla") con exageraciones, juicios exaltados y hasta detalles macabros.

10. Se reproduce a continuación la crítica publicada en el diario *Clarín* (5/2/1992) con motivo del estreno de una nueva versión de *La casa de Bernarda Alba*, de Federico García Lorca:

GARCÍA LORCA, LA PASIÓN Y EL DESEO

Se estrenó, en el Museo Fernández Blanco, una nueva versión de La Casa de Bernarda Alba, de Federico García Lorca. Esta pieza, clásica ya en el teatro lorquiano, habla de pasiones y deseos en un clima cerrado y prejuicioso. La puesta de Jorge Álvarez, salvo algunas indecisiones, sabe reconocer la esencia de un autor que postula la libertad. Muy buenos los trabajos de Alicia Berdaxagar, Rita Terranova, Marta González y Lita Soriano.

Una larga historia acompaña a *La casa de Bernarda Alba*, obra de Federico García Lorca que se inscribe entre las más representadas del poeta español. Cronológicamente fue dada a conocer en 1936 pero recién llegó a nuestro país, para ser estrenada por Margarita Xirgu, en 1945. La propia actriz catalana lo dijo: "Federico escribió *La casa de Bernarda Alba* porque yo le pedí que, luego de *Doña Rosita*, me diera la oportunidad de encarnar a un ser duro, opuesto a la ternura de la solterona". Desde aquel 8 de marzo del 45 muchas fueron las versiones que se hicieron de esta pieza sólida, potente, desgarrada y poética que, junto con *Bodas de sangre* y *Yerma*, constituye la gran estructura dramática concebida por Federico. Entre los trabajos más notables debe recordarse el que Alejandra Boero produjo con su versión de 1977, cuando esas mujeres de negro se adueñaron del escenario del San Martín. Ahora la obra vuelve a través de una propuesta ambientada al aire libre, en los jardines del Museo Fernández Blanco.

Sin la presencia del hombre, las mujeres que habitan *La casa de Bernarda Alba* reflejan drásticamente la ambivalencia entre pasiones incontrolables. Y sus contradicciones, claro. La madre impone a sus hijas impulsos ciegos preñados de deseos. En las obras de Federico han sido mujeres las que marcaron el impulso trágico, poético a la vez. El autor refleja una época pero va más allá, proyecta actitudes ante la vida. Enemigo de los prejuicios, esclavo él mismo de una moral cerrada a toda libertad, Federico está en cada una de esas hermanas sufrientes, en la antesala de la tragedia. Adela y Martirio son los arquetipos. La primera, rebelde y decidida a vivir su pasión por Pepe el romano; la segunda, sumisa pero al mismo tiempo, también ella, arrastrada por el amor. Sobre ellas y las otras hermanas, Bernarda, reinando en su sinrazón, transformándolas en víctimas definitivas.

Obra de brillante juego dialéctico, exigía un montaje preciso, minucioso, capaz de obtener un equilibrio entre la hondura conceptual del texto y sus sanguíneas posibilidades escénicas. El director Jorge Álvarez bajó el voltaje dramático, le restó grandeza. Esta es una de las objeciones esenciales que deben hacerse a una puesta, por lo demás, correcta en líneas generales. Sin dejarse tentar por presumibles obviedades el realizador convoca a la reflexión, García Lorca mediante, y construye una versión un tanto parcial, sin la grandeza exigida por un texto apasionante. Naturalmente, con tal sistema arriesgó más de un concepto aunque debe decirse que la obra misma —notable en su hechura dramática— salva indecisiones y permite a Álvarez reencauzar las situaciones. Promediando la acción Federico se adueña del espectador a través de la sugestión de imágenes duras, potentes, secas, que ilustran el espíritu del teatro lorquiano.

Las interpretaciones son el punto más alto en esta

flamante aproximación a *La casa de Bernarda Alba*. Matices y concentración rigurosa alcanza la composición de Alicia Berdaxagar, una Bernarda que crece por dentro. Excelente resulta el trabajo de Marta González como Martirio permitiendo a la actriz ejercitar el terrible drama que vive su personaje. Es muy buena asimismo la labor de Rita Terranova como la desafiante Adela, la misma que por un momento cree haber triunfado. Terranova cumple con uno de los trabajos más interesantes de su carrera. Lita Soriano expresa las aristas de su Poncia con precisa fruición y uno de sus diálogos con Bernarda resulta notable. También cabe destacar a Susana Ortiz, como la hermana mayor, consumida por sus frustraciones. Otro mérito de este trabajo es el vestuario de Alberto Belatti, postulador del encierro espiritual en que habitan los personajes. Salvando las objeciones vertidas, el trabajo es destacable porque, entre otras cosas, postula el sentido esencial de la vida, el de la libertad.

Luis Mazas

A partir del texto anterior:

a) Imaginar una nueva puesta en escena de *Bodas de sangre*, en un espacio teatral a elección. El alumno seleccionará, entre figuras actorales conocidas, un elenco adecuado a la interpretación de los distintos personajes.

b) Escribir la crítica de esa representación imaginaria, siguiendo el modelo propuesto. (Pueden tomarse como referencia otras críticas de obras teatrales, aparecidas en las páginas de espectáculos de periódicos.)

11. Es frecuente que ante una obra de otra época el lector se sorprenda con las conductas de los personajes o directamente no les encuentre explicación, dada la diferencia con las formas de vida actuales. Subrayar en la Cronología las informaciones referidas a la condición de la mujer en la época en que vivió Lorca. A partir de ese

*Antonio Gades y Cristina Hoyos en un momento del ballet registra-
do por Carlos Saura en su película* Bodas de sangre *(1981).*

material y la relectura de "Mujeres: vida privada..." que figura en la INTRODUCCIÓN, discutir en clase si los personajes femeninos de *Bodas de sangre* son creíbles o no, y si actúan según las convenciones de su tiempo o las transgreden.

No olvidar la argumentación a la hora de emitir opiniones.

12. Antonio Gades, famoso coreógrafo y bailarín español, realizó con su compañía de danza flamenca una versión memorable de *Bodas de sangre*. Danza pura, no teatro; es decir, ritmo y armonía de movimientos, sin diálogos. Sólo las canciones que el propio Lorca creó, incluidas en la obra original.

A propósito de ese ballet de Gades, que se dio en Buenos Aires en 1974 y que los alumnos, lógicamente, no han visto, se sugieren algunas actividades:

a) Imaginar qué pasajes de *Bodas de sangre* se habrán elegido para su expresión a través de la danza. Tener en cuenta no sólo la importancia de las escenas dentro del desarrollo de la historia, sino también la posibilidad de plasmarlas en coreografías individuales, de pareja o de conjuntos (recordar lo que se dice en la INTRODUCCIÓN sobre **los grupos** dentro de la comunidad).

b) Discutir en equipo todo lo anterior y elaborar un "libreto" del ballet, tal como haya resultado de la imaginación de los alumnos.

El ballet de Gades fue registrado para el cine por el realizador español Carlos Saura, en la excelente película también titulada *Bodas de sangre* (1981). Si fuera posible acceder a su proyección (a la fecha, no ha sido editada en video) se agregan estas propuestas:

c) Comparar la selección del material de Lorca que hizo Gades para su ballet, según lo muestra la película, con la imaginada por los alumnos (propuestas anteriores). Comentar las coincidencias y diferencias.

d) Explicar por qué Gades se reservó para sí el papel de Leonardo.

e) El director Carlos Saura concibió su película como algo más que danza filmada. ¿Qué situaciones le sirvieron de marco para lograr su propósito?

f) Tema para debatir argumentando: ¿Le hubiera gustado a García Lorca la película de Saura basada en *Bodas de sangre*? (Releer "Los amores de Lorca" en la INTRODUCCIÓN.)

Bodas de sangre: *escena del filme que dirigió Edmundo Guibourg en 1938. Aquí, Pedro López Lagar y Amelia de la Torre.*
(GENTILEZA DEL MUSEO MUNICIPAL DEL CINE.)

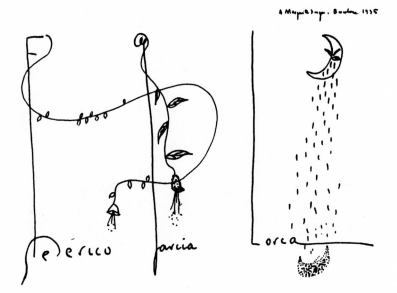

Dedicatoria autógrafa de Federico a Margarita Xirgu.

BIBLIOGRAFÍA CONSULTADA

Alberich, J., "El erotismo femenino en el teatro de García Lorca", en *Papeles de son armadans*, Año X, Tomo XXXIX, N° CXV, Madrid-Palma de Mallorca, 1965.

Alcalá Venceslada, Antonio, *Vocabulario andaluz*, Andújar, La Puritana, 1934.

Alonso, Dámaso, "Federico García Lorca y la expresión de lo español", en *Poetas españoles contemporáneos*, Madrid, Gredos, 1965.

Cejador y Frauca, Julio, *Refranero castellano*, Madrid, Hernando, 1928.

Correas, Gonzalo, *Vocabulario de refranes y frases proverbiales y otras fórmulas comunes de la lengua castellana*, Madrid, Revista de Archivos, Bibliotecas y Museos, 1924.

Díaz-Plaja, Guillermo, *Federico García Lorca*, Madrid, Espasa-Calpe, 1973.

García Guevara, Mercedes, "García Lorca y el cine", en Revista *El amante. Cine*, Año 1, N° 6, Buenos Aires, 1992.

García Lorca, Federico, *Bodas de sangre*, con prólogo de Luis Martínez Cuitiño, Buenos Aires, Losada, 1993.

— *Obras Completas*, Madrid, Aguilar, 1968.

García-Posada, Miguel, *García Lorca*, Madrid, Edaf, 1970.

González, Ángel, *El grupo poético del 27. Antología*, Madrid, Taurus, 1983.

Guillén, Jorge, *Lenguaje y poesía*, Madrid, Alianza, 1972.

Historia de las mujeres, dirigida por Georges Duby y Michelle Perrot, Buenos Aires, Taurus, 1993.

Historia de la vida privada, dirigida por Philippe Aries y Georges Duby, Buenos Aires, Taurus, 1991.

Historia del vestido y la moda, Enciclopedia Temática Sopena, Tomo VIII, Barcelona, 1984.

Jauralde Pou, Pablo, *Literatura contemporánea*, Madrid, Noguer, 1978.

Machado Bonet, Ofelia, *Federico García Lorca. Su producción dramática*, Montevideo, s/edic., 1951.

Pabanó, F.M., *Historia y costumbres de los gitanos. Diccionario español-gitano-germanesco*, Barcelona, Montaner y Simón, 1915.

Romaguera i Ramió, Joaquim, *El lenguaje cinematográfico*, Madrid, Ed. de la Torre, 1991.

Salinas, Pedro, "Dramatismo y teatro de Federico García Lorca", en *Literatura española siglo XX*, Madrid, Alianza, 1972.

— "García Lorca y la cultura de la muerte", en *Ensayos de literatura hispánica*, Madrid, Aguilar, 1967.

Terrero, José; Florit, José, *Historia de España*, Barcelona, Sopena, 1972.

Vergara Martín, Gabriel María, *Diccionario geográfico popular de cantares, refranes, adagios, proverbios, locuciones, frases adverbiales y modismos españoles*, Madrid, Sucesores de Hernando, 1923.

Zuleta, Emilia de, "La poesía de Federico García Lorca", en *Cinco poetas españoles*, Madrid, Gredos, 1981.

ÍNDICE

Impreso en
A.B.R.N. Producciones Gráficas S.R.L.,
Wenceslao Villafañe 468,
Buenos Aires, Argentina,
en enero de 2000.

Printed in the United States
21561LVS00001B/187